DE LA

RESPONSABILITÉ

NOTARIALE

EN MATIÈRE DE PRÊT HYPOTHÉCAIRE

PAR

FÉLIX BONNET

DOCTEUR EN DROIT

AVOCAT AU CONSEIL D'ÉTAT ET A LA COUR DE CASSATION

PARIS

ADMINISTRATION DU JOURNAL DES NOTAIRES

RUE DES SAINTS-PÈRES, 52

ADMINISTRATION DU JOURNAL DU NOTARIAT

RUE DE LILLE, 19

1881

DE LA

RESPONSABILITÉ NOTARIALE

EN MATIÈRE DE PRÊT HYPOTHÉCAIRE

PARIS

IMPRIMERIE FRANÇAISE ET ANGLAISE DE CHARLES SCHLAEBER

257, rue Saint-Honoré, 257

DE LA

RESPONSABILITÉ

NOTARIALE

EN MATIÈRE DE PRÊT HYPOTHÉCAIRE

PAR

FÉLIX BONNET

DOCTEUR EN DROIT

AVOCAT AU CONSEIL D'ÉTAT ET A LA COUR DE CASSATION

PARIS

ADMINISTRATION DU JOURNAL DES NOTAIRES

RUE DES SAINTS-PÈRES, 52

ADMINISTRATION DU JOURNAL DU NOTARIAT

RUE DE LILLE, 19

1881

AVANT-PROPOS

La responsabilité des notaires, relativement aux actes passés par leur ministère, est chose si incertaine, si imparfaitement définie par la loi et si fréquemment sujette à controverses, qu'on ne saurait trop insister sur les décisions de justice qui viennent en déterminer les limites et en préciser la portée.

C'est à ce point de vue que nous nous sommes tout particulièrement placé en publiant l'Étude qu'on va lire.

Déjà des auteurs qui jouissent, dans la science du droit et dans la pratique des affaires, d'une légitime autorité, ont consacré de remarquables travaux aux questions délicates dont nous allons nous-même aborder l'examen (1).

Mais, sans prétendre égaler leur savoir, nous avons pensé qu'il y aurait peut-être quelque utilité à tenter, après eux, une œuvre plus modeste et à circonscrire, dans des limites plus étroites, le sujet qu'ils ont traité.

---

(1) Nous citerons, en particulier, le traité de la *Responsabilité des notaires*, de M. Eloy, avocat général à Besançon, et deux Etudes toutes récentes sur le même sujet et que nous avons consultées avec le plus grand fruit : l'une, de M. Amiaud, ancien notaire et juge de paix à Rufec, intitulée : *Etudes sur le Notariat français* (Larose, 1879); l'autre, publiée à propos du travail de M. Amiaud, dans le Recueil de l'Académie de législation de Toulouse (année 1879), par M. Arnault, professeur à la Faculté de droit de Toulouse, secrétaire perpétuel de l'Académie de législation.

Voilà pourquoi nous avons voulu faire du principe de la *Responsabilité notariale en matière de prêt hypothécaire* l'objet exclusif de cette Étude.

Si nous avons concentré sur ce point nos recherches et nos réflexions, c'est parce que sur ce point, plus que sur tout autre, les notaires sont chaque jour attaqués et se sentent constamment menacés. Prétendons-nous leur offrir ici un moyen infaillible de parer à ces attaques et de conjurer ces menaces? Non, assurément; car nous ne pouvons nous substituer à la Justice, et la Justice se laisse guider souvent, trop souvent, selon nous, par des appréciations de fait qui font fléchir, dans un sens ou dans un autre, les règles du droit. Néanmoins, il faut se garder de croire (erreur trop commune) que les appréciations de fait puissent et doivent être le fondement unique des décisions rendues en cette matière. Nous estimons, au contraire, qu'à la base de ces décisions doivent se trouver toujours certains principes de droit, principes fixes et immuables, dont l'application peut varier en raison des circonstances, mais dont la violation manifeste entraînerait l'annulation des décisions elles-mêmes. Nous nous sommes efforcé de mettre ces principes en lumière en leur apportant le soutien, non pas de nos propres doctrines, mais des enseignements fournis par la jurisprudence elle-même.

Rien n'est plus délicat, avouons-le, que l'examen de cette jurisprudence; elle a subi bien des revirements en sens contraire, et ce qu'il est aujourd'hui important de connaître, ce que trop peu connaissent, c'est son état actuel, c'est l'esprit qui l'anime à l'heure présente. C'est à cette recherche que nous nous sommes soigneusement appliqué, nous attachant, par-dessus tout, à mettre sous les yeux de nos lecteurs un tableau fidèle

et complet de la jurisprudence en général et de la jurisprudence de la Cour de cassation en particulier.

Non content de rappeler à cet effet tous les arrêts
de principe, nous avons cru devoir en reproduire tex-
tuellement un certain nombre. Nos lecteurs excuseront
la longueur de ces citations en pensant que nous avons
voulu, d'une part, leur signaler parmi les espèces déjà
soumises à la Justice, celles qui se rencontrent le plus
fréquemment dans la pratique des affaires, et, d'autre
part, les faire juges eux-mêmes du sens des arrêts
que nous invoquions.

Cette jurisprudence a été jusqu'à ce jour l'objet des
appréciations les plus contraires : les uns l'ont louée
sans réserves, d'autres l'ont critiquée sans mesure.
Quant à nous, nous avons tâché de nous tenir le plus
possible éloigné de toute exagération dans le blâme
comme dans l'éloge. Loin d'encourager les notaires à
lutter de parti pris contre la jurisprudence, et à la
traiter en ennemie irréconciliable, nous nous sommes
proposé de leur montrer quel secours précieux leur
offrait sous plus d'un rapport le contrôle souverain de
la Cour de Cassation, et quelles armes ils pouvaient pui-
ser, pour se défendre, dans le vaste arsenal de ses
arrêts. Sans prétendre donner des leçons à la Cour
suprême dont nous sommes plus habitué que personne
à respecter la haute autorité, nous avons plus d'une
fois émis le vœu que cette autorité s'étendît sur un plus
grand nombre d'objets, fixât plus nettement le droit là
où il est encore incertain, et laissât une place tous les
jours moins grande à l'arbitraire.

L'arbitraire! nous l'avons énergiquement combattu
partout où nous l'avons rencontré dans notre sujet, nous
l'avons combattu moins encore dans l'intérêt des notaires qu'au nom de l'intérêt social ; car plus les notaires

et leurs clients sont incertains sur leurs droits et sur leurs devoirs respectifs, plus ils sont tentés de s'écarter des voies que leur tracent l'honneur, la probité, et les sentiments d'une mutuelle confiance.

Donc pas d'arbitraire, pas de cause de responsabilité qui ne puisse être prévue d'avance par ceux qui la supportent, pas de confusion entre la responsabilité morale et la responsabilité civile, pas d'excès de rigueur dans l'appréciation de cette responsabilité : tels sont les vœux que nous formons et que nous soumettons avec confiance à la Justice de notre pays.

DE LA
RESPONSABILITÉ NOTARIALE
EN MATIÈRE DE PRÊT HYPOTHÉCAIRE

CHAPITRE Ier.

PRINCIPE DE LA RESPONSABILITÉ NOTARIALE EN MATIÈRE DE PRÊT HYPOTHÉCAIRE.

Il est, avant tout, nécessaire de poser au début de cette étude le principe sur lequel repose la *Responsabilité notariale en matière de prêt hypothécaire.*

Ce principe qui n'est établi par aucun texte précis, mais qui résulte de la combinaison de plusieurs articles de la loi, peut, croyons-nous, se formuler ainsi : Le notaire qui n'a pas été simple rédacteur d'un acte de prêt hypothécaire, mais qui a reçu mission ou s'est chargé lui-même de faire, au nom d'un tiers, un placement de fonds sur hypothèque, doit être considéré comme le mandataire ou le gérant d'affaires du prêteur.

De ce principe découlent plusieurs conséquences que nous indiquons immédiatement : Elles peuvent se ramener à trois principales.

1° Le notaire qui agit exclusivement comme officier public, n'est pas le mandataire légal des parties au nom desquelles il instrumente ;

2° Le notaire qui joint à sa qualité d'officier public celle de mandataire ou gérant d'affaires d'une partie, est soumis vis-à-vis d'elle à la responsabilité spéciale qui découle des règles du mandat et de la gestion des affaires ;

3° Si les juges du fond ont un pouvoir souverain pour constater les faits desquels résultent le mandat confié au notaire et la faute par lui commise dans l'exécution de ce mandat, la Cour de cassation a le droit d'examiner si les faits ainsi constatés constituent véritablement le mandat et la faute.

Nous insisterons successivement sur chacune de ces conséquences, en rappelant sommairement les arrêts de la Cour de cassation qui les ont ou nettement formulées ou implicitement consacrées :

CHAPITRE II.

RESPONSABILITÉ DU NOTAIRE EN TANT QU'OFFICIER PUBLIC.

§ I. — *Le notaire n'est pas le mandataire légal du prêteur.*
— Et d'abord quelle est la responsabilité du notaire qui, sans avoir reçu aucun mandat, soit du prêteur, soit de l'emprunteur, rédige, en sa qualité d'officier public, un acte de prêt hypothécaire ?

Dans ce cas, le notaire, avons-nous dit, doit être considéré exclusivement comme officier public et non pas comme mandataire légal.

Il est officier public, et, par suite, il est responsable de l'inaccomplissement des conditions qui engendrent la régularité, la validité, l'authenticité de l'acte instrumentaire (Loi du 25 ventôse an XI, art. 68).—Il n'est pas mandataire légal de la partie intéressée à l'acte, et, dès lors, il n'est pas responsable de l'inaccomplissement de formalités postérieures à cet acte, et utiles, non pas pour lui donner sa perfection, mais seulement pour assurer l'efficacité des droits de la partie intéressée. C'est entre ces deux limites extrêmes que doit être contenue la responsabilité du notaire, agissant comme officier public.

En vain plusieurs Cours d'appel, et, entre autres, la Cour de Paris, par un arrêt du 13 juin 1854, avaient-elles jadis émis cette opinion « que le devoir du notaire ne consiste pas » seulement à remplir les formalités prescrites par les lois » pour la régularité des actes qu'il reçoit, qu'il doit encore » veiller à l'accomplissement des conditions nécessaires pour » conserver les droits des parties. » Trois arrêts successifs de la Cour de cassation (Req., 14 juill. 1847 ; J. Pal., 1848, 1, 46 ; Req., 14 févr. 1855 et 19 mars 1856, J. Pal., 1856, 2, 503), ont formellement condamné cette doctrine, et M. le conseiller Hardoin pouvait dire, avec raison, dans le rapport qui a précédé l'arrêt du 14 février 1855 : « C'est un principe

consacré par la jurisprudence et *placé désormais hors de
toute controverse* que les notaires ne sont pas tenus, aux
termes de la loi de leur institution, de remplir les formalités
destinées à assurer l'efficacité ou l'exécution des actes qu'ils
reçoivent. » Par application de ce principe, il a été jugé
qu'un notaire n'était pas tenu, en vertu de ses fonctions, de
prendre inscription de l'hypothèque constituée par l'acte qu'il
a reçu, ou de renouveler cette inscription. (Cass. req.,
14 juill. 1847.; Req., 21 mars 1855, *J. Pal.*, 1856, 2, 505 ;
Paris, 28 juill. 1851, *J. Pal.*, II, 1853, p. 353 ; Lyon, 13 août
1852, *J. Pal.*, II, 1853, page 560 ; Rolland de Villargues, Rép.
v° *Responsabilité des notaires*, n°ˢ 202 et suiv. ; Dict. du Not.,
eod. v° n°ˢ 341 et suiv.)

Plusieurs auteurs et M. Troplong en particulier *(Mandat,*
n° 217), ont invoqué cependant, à l'appui de la doctrine qui
voit dans les notaires les mandataires légaux des parties, un
arrêt de la Cour de cassation du 27 janvier 1812 *(J. Pal.,*
13.86), dans lequel on relève ce considérant « que les notaires
sont des mandataires. » Nous répondrons d'abord que cet
arrêt est de beaucoup antérieur à ceux que nous venons
de citer et qui seuls font autorité aujourd'hui en cette matière ; or, ces arrêts se prononcent en sens absolument contraire. Mais, d'ailleurs, comme le fait justement observer
M. Paul Pont *(Petits contrats*, n° 825), la proposition qu'on
saisit au passage dans l'arrêt du 27 janvier 1812, est naturellement suscitée par l'ordre d'idées où s'agitait le débat sur
lequel la Cour a statué. « Dans leur différend, les parties au
profit desquelles le notaire avait fait un travail de liquida-
tion avaient cru devoir, l'une pour soutenir, les autres pour
combattre la solidarité, seule question agitée entre elles et
le notaire, qualifier la convention ou l'accord intervenu entre
elles et caractériser cet accord en le rattachant, ceux-ci, au
contrat de louage d'ouvrage, ceux-là, au contrat de mandat.
Et, la discussion posée dans ces termes, la Cour de cassation, sans s'occuper de préciser les caractères distinctifs soit
du louage, soit du mandat, opte pour le dernier parti : elle
n'admet pas que les notaires puissent être assimilés à des
locateurs d'ouvrage ; elle tient que c'est plutôt au mandataire
que le notaire doit être comparé ; et c'est par là qu'elle est
conduite à décider que le notaire, dont plusieurs parties ont
requis ensemble le ministère en vue d'un acte à faire dans

leur intérêt commun, peut prétendre à la solidarité par voie d'analogie et par induction de l'art. 2002 du Code civil ; en sorte que l'idée de mandat apparaît là secondairement, non comme l'expression d'un principe : il y a une règle propre au mandat qui reçoit application à titre d'analogie. L'arrêt n'a pas, évidemment, d'autre portée : c'est si vrai que, de tous les arrêtistes qui rapportent la décision, pas un ne la présente, dans sa notice résumée, comme ayant jugé que les notaires sont réellement des mandataires ; ils formulent comme résultant de l'arrêt l'idée que, dans le cas donné, tous les cohéritiers sont tenus solidairement envers le notaire du paiement des honoraires, ajoutant, pour préciser davantage et montrer qu'il y a là simplement une analogie, qu'il en est de ce cas comme de celui où plusieurs ont promis un salaire au mandataire élu par eux conjointement. »

§ II. — *Devoirs professionnels du notaire. — Il n'est responsable que de sa faute lourde.* — De ce que les notaires ne sont pas en tant qu'officiers publics les mandataires légaux des parties, faut-il conclure qu'ils ne sont que des instruments passifs de leurs volontés, qu'ils ne sont pas obligés d'indiquer à leurs clients les précautions qu'exige ordinairement un placement hypothécaire, et, par exemple, de vérifier eux-mêmes les conditions dans lesquelles se trouve entre les mains de l'emprunteur la propriété de l'immeuble offert en gage ? La jurisprudence proteste contre cette pensée et elle impose au contraire aux notaires, lors même qu'ils n'ont pas reçu de mandat à cet effet, l'obligation d'éclairer les parties dans une mesure, quelquefois trop étendue. Cette mesure, qui n'a jamais été nettement déterminée en droit, a été néanmoins précisée en fait dans de nombreux arrêts. Nous devons rappeler ici les plus importants d'entre eux.

Dans un jugement du 13 mai 1857 (*J. Pal.*, 1859, 1. 597), que la Cour d'Amiens d'abord et la Cour de cassation ensuite ont successivement revêtu de leur sanction, le tribunal de Soissons définissait ainsi qu'il suit la responsabilité du notaire par le ministère duquel est effectué un placement hypothécaire :

« Considérant, dit-il, que les notaires n'ont pas seulement pour mission de donner un caractère d'authenticité aux actes qu'ils rédigent ; — Que, dans son esprit et d'après les motifs mêmes, la loi qui les institue a entendu leur conférer un rôle plus digne et plus élevé ; qu'elle les considère comme des conseils désintéressés des parties, aussi bien que comme des rédacteurs impartiaux de leurs volontés ; comme des régulateurs des engagements qu'elles veulent contracter, chargés de faire connaître toute l'étendue des obligations qui en dérivent, et de les rédiger avec clarté ; qu'ils remplissent une magistrature et donnent, par leur caractère, une sanction pratique à toutes les lois (Exposé des motifs de la loi du 25 ventôse an XI, et Rapport au tribunal sur la même loi) ; — Que la doctrine et la jurisprudence s'accordent à reconnaître que les notaires ont le devoir d'éclairer les parties sur ce qui peut les intéresser dans les actes qu'elles passent devant eux, et de leur en faire comprendre la portée et les conséquences ; — *Que, dans cet ordre de devoirs, se rencontre en première ligne, pour le notaire appelé à consacrer par un acte de son ministère un placement sur hypothèque, l'obligation de vérifier, pour les constater exactement et complétement dans le contrat, l'établissement de la propriété de l'immeuble offert en gage, l'origine et les conditions de cette propriété entre les mains de l'emprunteur, l'importance des charges qui peuvent la grever tant du chef de celui-ci que du chef des précédents propriétaires, et ce d'après les documents propres à cette vérification, soit qu'ils aient été fournis par les parties, soit qu'il les ait trouvés, comme dans l'espèce, au nombre des archives dont le dépôt lui est confié ;* — Que cette obligation dérive de l'essence même des fonctions du notaire ; qu'elle est indépendante du mandat plus ou moins étendu que les parties ou l'une d'elles ont pu lui conférer pour la surveillance et la gestion de leurs intérêts ; qu'elle est particulièrement étroite lorsque les contractants sont dans l'ignorance complète des affaires et que leur confiance en l'officier public est commandée par leur sexe et leur éducation, autant que par la loi elle-même qui les oblige de s'adresser à lui ; — Que s'il en était autrement, que si ces fonctions devaient se réduire à une pratique matérielle, au rôle de rédacteur passif des conventions dont il dresse l'instrument authentique, l'esprit de la loi organique du Notariat serait faussé, les formules raisonnées que l'usage a introduites pour donner aux lois, suivant l'expression du tribun **Favard**, leur sanction pratique, ne seraient plus que des

phrases vides de sens, impuissantes à éclairer les parties sur
la portée de leur engagement, et la solennelle entremise du
notaire à la réception du contrat deviendrait un piége tendu
à la bonne foi des parties; — D'où il suit que, si par l'inaccomplissement des devoirs professionnels ci-dessus définis
et par la rédaction vicieuse et incomplète d'un acte de son
ministère, il a causé un préjudice, le notaire doit en être
responsable, par application de ce principe général contenu
en l'art. 1382 Code civil, que tout fait quelconque de l'homme
qui cause à autrui un dommage, oblige celui par la faute
duquel il est arrivé à le réparer. » (Conf. Nancy, 21 décembre
1872, *Journ. du Notariat*, n° du 11 févr. 1874.)

Nous avons tenu à reproduire intégralement la partie juridique de ce jugement, dont la Cour d'Amiens a adopté les
motifs (arrêt du 24 nov. 1857), parce qu'elle contient l'exposé
très complet de la doctrine que la jurisprudence de la Cour
de cassation a maintes fois consacrée. En rejetant le pourvoi
formé contre cet arrêt, la Cour suprême a, du reste, solennellement affirmé elle-même que cette doctrine était bien la
sienne. Voici, en effet, en quels termes s'exprimait, à ce
sujet, devant la Chambre des requêtes, M. le conseiller rapporteur (*J. Pal.*, 1859, 1. 599):

« La Cour impériale d'Amiens se montre-t-elle trop rigoureuse lorsqu'elle retrace les obligations du notaire envers ses
clients, et qu'elle punit Me X..... pour avoir manqué à des
devoirs qu'elle considère comme des devoirs de profession?
Vous ne le penserez pas. S'agit-il de simples conseils que le
demandeur devait donner à ses clients et qu'on lui reproche
de n'avoir pas donnés ? Est-il déclaré coupable de n'avoir
pas rempli un devoir de convenance, d'affection, un devoir
moral, comme parle le pourvoi ? Non. La doctrine de l'arrêt,
en ce qui touche les obligations imposées à cet officier public,
se réduit à ceci :

» Un notaire est chargé par son client de faire pour lui un
placement sur hypothèque ; ce notaire est tenu, dit l'arrêt
attaqué, avant de consacrer cette obligation par un acte de
son ministère, de vérifier l'établissement de la propriété de
l'immeuble offert en gage, l'origine et les conditions de cette
propriété entre les mains de l'emprunteur, l'importance des
charges qui la grèvent, tant du chef de celui-ci que du chef
des précédents propriétaires. Comment le notaire pourrait-il

constater, dans l'acte qu'il va rédiger, cette situation respective de celui qui prête ses fonds et de celui qui les emprunte, s'il ne prend pas le soin de faire cette vérification ? Est-il un notaire assez peu jaloux de la dignité de son ministère et de l'importance de ses fonctions pour se croire dispensé de ces recherches, de ces précautions que la confiance des parties lui impose, et pour se considérer uniquement comme un rédacteur indifférent de conventions auxquelles il prête sa main, mais non son intérêt ni son intelligence ? Et lorsque la Cour d'appel ajoute que l'obligation pour le notaire de s'assurer de la valeur réelle de l'immeuble donné pour gage à ses clients est d'autant plus étroite, que les intérêts qui lui sont confiés sont ceux de femmes âgées, sans expérience des affaires, cette opinion ne mérite-t-elle pas notre approbation ?.... »

Conformément à ces observations, la Chambre des requêtes a rendu, à la date du 3 août 1858, un arrêt de principe qui est ainsi conçu :

« *Attendu que si les notaires ne sont pas nécessairement et dans tous les cas responsables des conséquences que peuvent avoir pour leurs clients les actes auxquels ils prêtent leur ministère, et en particulier les placements faits par leur entremise, alors surtout que la partie ne leur a point donné le mandat spécial de surveiller les suites du placement,* il n'en est pas moins vrai que le notaire qui, par sa faute personnelle, a causé un préjudice à l'une des parties, est tenu de le réparer ; qu'aux tribunaux seuls appartient le droit d'apprécier les faits qui constituent la faute imputée au notaire ; — Attendu qu'il est établi par l'arrêt attaqué que la perte, éprouvée par les défenderesses, de leur créance, provient uniquement d'un fait de négligence ou d'inattention commis par Mᵉ X..... dans la réception d'un acte de son ministère ; qu'en décidant, d'après cette constatation, que Mᵉ X....., étant responsable des conséquences de sa faute, la Cour d'appel, loin d'avoir violé la loi, en a fait, au contraire, une juste application.....; — Rejette. » *(J. Pal., loc. cit.)*

Pour comprendre la portée de cet arrêt, il n'est pas inutile de noter que, dans l'espèce, la faute reprochée au notaire, faute véritablement inexcusable, avait consisté à passer un acte de prêt hypothécaire, aux termes duquel une hypothèque était constituée sur un immeuble d'une valeur de

8,000 fr., déjà grevé d'hypothèques représentant 26,500 fr., sans compter une hypothèque légale. Le notaire avait passé cet acte alors qu'il avait entre les mains toutes les pièces nécessaires pour vérifier la situation de l'emprunteur hypothécaire.

Par un arrêt du 16 août 1865 *(J. Pal.*, 1865, 1162), la Chambre des requêtes a encore statué dans le même sens sur une espèce analogue : « Attendu, a-t-elle dit, que la loi du 25 ventôse an XI, en déclarant les notaires responsables en cas d'omission, dans un acte authentique, de quelque formalité essentielle, ne les a pas affranchis de la responsabilité dérivant des règles du droit commun, et notamment des art. 1382 et 1383 Cod. civ., lorsque, *par une faute lourde, ils comprommettent les intérêts de leurs clients* ; — Attendu qu'il est constaté, en fait, par l'arrêt attaqué, que H..... des R....., rédacteur de l'acte par lequel la veuve L..... a, le 23 avril 1846, prêté la somme de 250,000 fr. aux sieurs Armanet et Cadenet, *savait que l'immeuble affecté à la garantie de ce prêt n'était plus leur propriété personnelle et avait été par eux mis en société* ; que, néamoins, il a négligé de faire connaître cette circonstance à la veuve L....., dont il était le conseil ordinaire ; — Attendu que la Cour impériale de l'île de la Réunion, en déclarant que le notaire H..... de R..... avait, en agissant ainsi, commis la *faute la plus lourde* et devait être tenu de réparer le dommage qu'il avait causé, n'a fait qu'une juste application des principes. » Conf. : Cass. req., 10 mai 1870; Cass., 20 févr. 1864; 6 juill. 1870 (art. 20014, *J. N.*) ; Caen, 2 févr, 1857 ; Nancy, 22 août 1867; Dijon, 10 juill. 1869; Besançon, 26 mars 1870 (Dalloz, Cod. civ. annoté, art. 1383.)

Nous avons souligné avec intention ces mots : *faute lourde,* parce qu'ils déterminent la mesure dans laquelle le notaire, agissant comme officier public, est responsable de ses actions, et ils tracent, en quelque sorte, la ligne de démarcation entre le notaire qui n'a pas reçu de mandat de ses clients, et celui qui agit en vertu d'un mandat. Le premier est exclusivement responsable de sa faute lourde ; le second est responsable même des fautes légères, c'est-à-dire de celles que ne commettrait pas un bon père de famille.

Mais alors surgit cette nouvelle question : Que doit-on entendre par faute lourde ?

§ III. — *Dans quels cas un notaire, par le ministère duquel est passé un acte de prêt hypothécaire, peut-il être considéré comme ayant commis vis-à-vis de son client une faute lourde?* — Les termes mêmes de cette question indiquent qu'elle ne saurait recevoir une réponse précise. On ne peut, en effet, prévoir ni parcourir tous les cas imaginables où la vigilance du notaire risque d'être prise en défaut.

Il est cependant un point qui doit fixer notre attention, parce que maintes fois il a été soumis à la justice, et que la jurisprudence paraît aujourd'hui définitivement formée à cet égard. Nous voulons parler des erreurs de droit commises par les notaires dans les actes qu'ils reçoivent.

Des auteurs fort accrédités enseignent « que les notaires ne doivent point être tenus des dommages et intérêts envers des parties, quand la nullité de leurs actes provient d'une erreur ou d'une omission sur le fond du droit, pourvu qu'il n'y ait point de dol ni de faute si lourde, qu'elle soit inexcusable et mérite de passer pour dol. » Ainsi parle M. Rolland de Villargues, Rép. v° *Responsabilité des Notaires*, n° 132), et il invoque, à l'appui de son opinion, l'avis de presque tous les anciens auteurs : Bretton, v° *Notaire*, n°ˢ 42 et 47 ; Henrys, t. I, p. 369 ; et Ferrière, *Parfait notaire*, liv. I, chap. 17 ; et même un arrêt de cassation, du 22 décembre 1840 (*Jurispr. du Not.*, art. 4940), qui absout positivement un notaire d'avoir passé un acte aux termes duquel une hypothèque était établie sur tous les immeubles présents et à venir d'une partie.

Mais, depuis un certain nombre d'années, la jurisprudence a réagi en sens contraire. Elle déclare que les notaires sont responsables des nullités commises dans les actes reçus par eux, même quand ces nullités se rattachent au fond du droit, à moins qu'elles ne résultent d'une erreur portant sur un point de droit controversé. Cette doctrine a été tout particulièrement consacrée par un arrêt de la Chambre des requêtes, du 17 août 1869 (*J. Pal.*, 1869, 1047).

La responsabilité du notaire disparaît, disons-nous, au cas où son erreur porte sur un point de droit controversé. C'est ainsi que, pour ne parler que des arrêts rendus en matière de prêt hypothécaire, un arrêt de la Cour de Toulouse, du 9 juillet 1859 (*J. Pal.*, 1859, 782), a décidé « qu'en 1847, en présence d'une doctrine qui enseignait généralement que l'hypothèque conventionnelle pouvait être consentie en vertu d'un mandat sous seing privé et d'une jurisprudence indécise sur ce point ; on ne pouvait accuser le notaire instrumentaire d'avoir, dans un acte du 22 février 1837, commis une faute en se contentant d'un pareil mandat, pour passer un acte de prêt hypothécaire. » Peut-être, aujourd'hui, où la controverse paraît à peu près éteinte sur ce point, la justice se montrerait-elle plus rigoureuse vis-à-vis des notaires.

Nous citerons également, dans le même sens, un arrêt de la Cour de Montpellier, du 7 février 1866 *(J. Pal.*, 1866, 1258), qui décide que la nullité d'une hypothèque conventionnelle résultant de ce qu'elle a été consentie sur tous les biens possédés par le débiteur dans certaines communes déterminées, sans désignation de la nature de ces biens, n'engage pas la responsabilité du notaire rédacteur de l'acte, alors *qu'à l'époque de la rédaction de cet acte* (année 1835), la doctrine et la jurisprudence étaient incertaines sur le point de savoir si l'absence de cette désignation était ou non une cause de nullité. Cet arrêt a été déféré à la censure de la Cour suprême, mais le pourvoi dont il était l'objet a été rejeté par un arrêt de la Chambre des requêtes, du 13 avril 1869 *(J. Pal.*, 1869, 786). L'arrêt de la Chambre des requêtes se fonda sur l'appréciation souveraine des juges du fait, et plus particulièrement sur cette double circonstance que, d'après les constatations de l'arrêt attaqué, le notaire avait agi de bonne foi et n'avait pas été appelé dans l'instance où la nullité de l'hypothèque avait été prononcée.

En rappelant ici l'arrêt de la Cour de Montpellier et celui de la Cour de Toulouse, nous n'entendons pas, du reste, proposer aux notaires un exemple à suivre, ni leur indiquer que si de pareils cas venaient à se présenter, ils demeureraient aujourd'hui encore à l'abri de tout recours. Depuis que ces arrêts ont été rendus, la jurisprudence a pris, sur certains points, un caractère de fixité qu'elle n'avait pas alors, et telle question qui était controversée il y a vingt ou trente ans, ne l'est plus aujourd'hui. Nous avons voulu simplement mettre en lumière ce principe que le notaire ne peut être actionné en dommages-intérêts quand, avec la meilleure foi du monde, il a pris parti sur une question de droit *sérieusement* controversée, surtout s'il a adopté l'opinion la plus favorable aux intérêts de ses clients (Conf. : Cass. req.,

10 juillet 1871 ; *Jurisp. du Not.*, art. 14247 ; *J. du Pal.*, 1871, 577).

Quant aux autres circonstances dans lesquelles le notaire pourrait être considéré comme ayant commis une faute lourde, elles devront être appréciées, comme nous l'exposerons plus tard, non pas seulement par les juges du fait, mais aussi par les juges du droit, c'est-à-dire par la Cour de cassation. (Voir arrêt précité du 16 août 1865.)

A quels signes la Cour suprême reconnaîtra-t-elle donc l'existence de la faute lourde ? Dans une occasion récente, elle a posé sur ce point, sinon des règles précises, du moins des principes généraux qu'il est important de connaître. Nous voulons parler des observations présentées par M. le conseiller Alméras-Latour à la Chambre des requêtes, lors de l'arrêt du 6 juillet 1870 *(J. du Pal.*, 1870, 1112).

« Nous admettons, disait le savant magistrat, que le notaire est responsable envers les parties, non seulement à raison des actes qu'il rédige, mais encore à raison de l'obligation qui lui est imposée de veiller sur les intérêts de ses clients, de les guider à l'aide de ses conseils et de les éclairer sur les situations qui peuvent leur échoir. Nous admettons même que lorsque le notaire, pour prendre une détermination, se trouve en présence d'un point de droit et de pratique controversé, il peut devenir responsable, s'il n'a pas suffisamment averti son client et s'il s'est fié trop aisément à lui-même pour braver une solution périlleuse. Mais il nous paraît impossible de ne pas reconnaître que cette responsabilité doit être plus ou moins étroite, suivant la qualité et le caractère des parties...

» Dans certains cas déterminés le notaire peut être à l'abri de tout recours si, même en concourant à un acte reprochable à certains égards, il a cédé à la volonté réfléchie de son client, ou bien encore si ce client, dirigeant une opération quelconque, se signalait par une intelligence et une expérience des affaires telles, que la pensée de lui donner des conseils pouvait ne pas venir à un esprit raisonnable. Il y a là, pour ainsi dire, un mouvement de balance qui tend à mettre les choses en équilibre, et à mesure qu'on voit apparaître la responsabilité de la partie envers elle-même, on voit diminuer successivement, puis disparaître tout à fait la responsabilité de l'officier public. »

Il faut avouer que, même restreinte dans ces proportions, l'application de l'art. 1382, C. civ., aux actes des notaires, ne laisse pas que d'être entachée d'une rigueur excessive. Mesurer l'intelligence, le savoir, l'expérience de telle ou telle personne, et, comme dit l'éminent magistrat dont nous venons de rappeler les paroles, le degré de responsabilité de la partie envers elle-même, c'est une mission assurément fort délicate, car elle exige la plus profonde connaissance des hommes en général et de chacun d'eux en particulier. De plus, mettre en quelque sorte sur le même rang, au point de vue de la responsabilité qui pèse sur le notaire, les erreurs que celui-ci commet personnellement dans la rédaction de ses actes et celles qu'il laisse commettre par la partie intéressée sur les conséquences de ces mêmes actes, n'est-ce pas sous prétexte de relever la dignité du notaire, étendre gratuitement, au delà des limites fixées par la loi, les charges de sa fonction ? N'a-t-on pas droit de s'étonner, d'ailleurs, que les notaires auxquels le législateur ne demande même pas la justification du grade de bachelier en droit, soient soumis aujourd'hui, comme hommes de loi, à une responsabilité plus étroite et plus sévère que les avoués et les avocats, et qu'ils aient à rendre compte à leurs clients non seulement de leurs paroles, mais même de leur silence?

Que le notaire appelé à consacrer par un acte de son ministère un placement sur hypothèque, soit tenu, comme l'a dit l'arrêt précité de la Cour d'Amiens « de vérifier, pour les constater exactement et complétement dans le contrat, l'établissement de la propriété de l'immeuble offert en gage, l'origine et les conditions de cette propriété entre les mains de l'emprunteur, l'importance des charges qui peuvent la grever tant du chef de celui-ci que du chef des précédents propriétaires, et ce, d'après les documents propres à cette vérification, *soit qu'ils aient été fournis par les parties, soit qu'il les ait trouvés, comme dans l'espèce, au nombre des archives dont le dépôt lui est confié ; »* nous l'admettons, parce que cette vérification importe à la valeur de l'acte que passe le notaire, et que ces moyens de vérification étant à sa portée, il ne pourrait les négliger sans manquer à la bonne foi. Mais que ses obligations aillent plus loin, qu'il soit tenu de « veiller sur les intérêts de ses clients, de les guider à l'aide de ses conseils et de les éclairer sur les situations qui peuvent leur échoir, » c'est ce qui ne nous paraît pas admissible. « Dans tout ce qui n'est pas l'exercice même de la fonction, dit, à ce sujet, M. Paul Pont (*Petits Contrats,* n° 839), les conseils que peut donner un notaire sont purement officieux; et, comme il n'y a aucune raison de les confondre à l'égard du notaire plus qu'à l'égard de tous autres avec le mandat même, il est vrai de dire que le notaire n'est et ne peut être responsable que dans les termes du droit commun. Donc, lorsqu'un conseil a été donné par lui sans dol ni mauvaise foi, la partie agit, en le suivant, à ses périls et risques, et, selon l'expression de Domat, elle ne doit pas s'attendre à ce qu'on lui réponde de l'événement. »

En vertu d'une habitude qui paraît définitivement enracinée dans nos mœurs, les notaires sont, il est vrai, considérés par les parties comme responsables de plein droit vis-à-vis d'elles, non-seulement de la valeur extrinsèque, mais encore de la valeur intrinsèque et des conséquences de leurs actes. La jurisprudence ne doit pas transformer cette habitude en droit; et, de ce double fait que l'intervention des notaires est nécessaire dans les principaux actes de la vie civile, et que la plupart des citoyens appelés à accomplir ces actes sont ignorants de la science du droit, elle ne doit pas tirer cette conclusion que le notaire est institué pour remédier à cette ignorance, et qu'il est le conseil obligé et le tuteur légal des parties qui recourent à son ministère.

Une telle conclusion manquerait absolument de fondement juridique.

Nous nous résumons sur cette première partie en deux mots. Nous sommes d'accord avec la Jurisprudence quand elle reconnaît : 1° que le notaire n'étant pas le mandataire légal du prêteur, n'est pas chargé d'assurer l'efficacité et l'exécution de l'acte de prêt; 2° qu'il est responsable vis-à-vis de son client de sa faute personnelle quand elle a le caractère d'une faute lourde, parce que la faute lourde est assimilable au dol : *Lata culpa dolo æquiparatur* (Conf. Rolland de Villargues, V° *Responsabilité,* n°ˢ 6 et suivants). C'est dans cette mesure seulement que les articles 1382 et 1383 du Code civ., dont la portée est limitée par l'art. 68 de la loi du 25 ventôse an XI, sont applicables aux notaires. Autrement on ferait du notaire le mandataire légal, le gérant d'affaires obligé de son client; ce qui serait contraire au premier prin-

cipe que nous venons de rappeler, principe aujourd'hui consacré par une jurisprudence constante.

CHAPITRE III

RESPONSABILITÉ DES NOTAIRES EN TANT QUE MANDATAIRE OU GÉRANT D'AFFAIRES

§ I.— *Effets principaux du mandat ou de la gestion d'affaires par rapport à la responsabilité du notaire.* — Le
double et grave intérêt attaché à cette question résulte
des explications que nous avons données plus haut sur la
responsabilité qui découle, pour le notaire, de son caractère
d'officier public. Nous avons fait pressentir, à ce propos, dans
quelle mesure, au regard de la jurisprudence elle-même,
cette responsabilité serait tout à la fois étendue et aggravée,
si, au caractère d'officier public, le notaire joignait celui de
mandataire de la partie.

Dans ce cas, disons-nous, la responsabilité du notaire s'é-
tend à un plus grand nombre d'objets : ses obligations sont
plus nombreuses. En effet, au lieu d'être tenu simplement à
éclairer les parties sur les difficultés qui lui apparaissent, le
notaire devra spontanément se livrer à toutes les investiga-
tions qui peuvent assurer le succès de l'entreprise. En outre,
si l'on accepte la définition donnée par la Cour de cassation
(Voir les deux Rapports de M. le conseiller Hardoin, cités
plus haut, sur les arrêts des 14 février 1855 et 3 août 1858),
le notaire n'aura pas alors pour unique mission de vérifier
l'établissement de la propriété et de l'immeuble offert en
gage, l'origine et les conditions de cette propriété entre les
mains de l'emprunteur, l'importance des charges qui la
grèvent tant du chef de celui-ci que du chef des précédents
propriétaires et la capacité des contractants, il sera encore
obligé d'assurer l'efficacité ou l'exécution de l'acte qu'il a
reçu, c'est-à-dire puisqu'il n'est question ici que de placements hypothécaires, de prendre inscription de l'hypothèque
constituée par l'acte qu'il a reçu, ou de faire renouveler
cette inscription en temps utile.

Nous ajoutons que le mandat confié au notaire aggrave sa

responsabilité, c'est-à-dire qu'il le soumet, non-seulement à des obligations plus multipliées, mais encore à une sanction plus rigoureuse. Et, en effet, tandis que le notaire, en tant qu'officier public, ne peut être actionné que dans le cas où il a engagé sa responsabilité par une faute lourde, le notaire, en tant que mandataire, et mandataire salarié, tombe sous le coup de l'art. 1992 Code civ., et devient, par conséquent, responsable d'une faute, même légère.

En conséquence, il demeure important, au double point de vue que nous venons de signaler, de distinguer le cas où le notaire a reçu un mandat et celui où il agit indépendamment de tout mandat.

§ II. — *Le notaire peut être investi d'un mandat tacite.* — « Il n'y a pas d'incompatibilité, fait justement remarquer M. Paul Pont *(Petits Contrats,* n° 854), entre les fonctions publiques, dont le notaire est investi et les agissements d'un mandataire conventionnel. On peut dire même qu'en bien des circonstances, notamment pour les placements de fonds, les transactions à conclure, les inscriptions hypothécaires à effectuer, les mainlevées et radiations à requérir, etc., le notaire est naturellement indiqué par sa situation même au choix de celui qui, ne voulant ou ne pouvant pas agir par lui-même, est conduit à faire agir pour lui et en son nom : *seulement nous ne croyons pas que ce mandat conventionnel puisse être admis par supposition.* »

Quand l'éminent jurisconsulte, dont nous venons de citer les paroles, soutient que le mandat conventionnel confié au notaire ne saurait être admis par supposition, il n'entend pas protester contre l'existence d'un mandat tacite. Non, les auteurs comme la jurisprudence sont aujourd'hui d'accord pour affirmer que le mandat confié au notaire comme à toute autre personne n'est pas nécessairement exprès, et peut être tacite (Cass., 5 janv. 1863, *J. Pal.,* 1864, 23 ; Cass., 15 décembre 1874, *J. Pal.,* 1875, 514 ; Aubry et Rau, IV, § 411, texte et note 1 ; Larombière, *Oblig.,* V, art. 1372 et 1373, et n°ˢ 12 et suiv. ; Demante et Colmet de Santerre, V. n° 349 *bis,* 3 ; Massé et Vergé, V. § 751, texte et note 2 ; Marcadé, art. 1372 à 1374).

Mais à quels signes reconnaîtra-t-on qu'il y a mandat tacite ? C'est là une des questions les plus vivement controversées, et c'est précisément pour la résoudre sûrement qu'il faut se garder de confondre le mandat tacite avec le mandat supposé.

§ III. — *Distinction, au point de vue du mode de preuve qui en établit l'existence, et des conséquences qui en découlent entre le mandat tacite et la gestion d'affaires.* — Au point de vue du mode de preuve qui sert à établir leur existence, il y a lieu de faire entre le mandat tacite et la gestion d'affaires une distinction très-importante.

La partie entend-elle démontrer que le notaire a agi comme gérant d'affaires, c'est-à-dire qu'il s'est immiscé de son propre mouvement, et sans mission aucune, dans la gestion des intérêts d'autrui, elle peut alors s'appuyer exclusivement sur des présomptions ou sur la preuve testimoniale, sans avoir besoin d'y ajouter aucun commencement de preuve par écrit. La gestion d'affaires est, en effet, un des quasi-contrats dont il est parlé dans l'art. 1348, 1° du Code civil, quasi-contrat qui, excluant la participation du maître, ne permet pas à celui-ci de se procurer une preuve écrite.

Au contraire, est-ce un mandat tacite qui, d'après le dire de la partie intéressée, a été confié au notaire, les présomptions, fussent-elles graves, précises et concordantes, ne suffisent plus ; il faut qu'à leur appui, si la valeur du litige excède la somme de 150 fr., on puisse invoquer contre le notaire un commencement de preuve par écrit, ou tout au moins l'aveu ou le serment du notaire lui-même. Nous nous trouvons ici, en effet, dans le cas prévu par les art. 1341, 1343, 1353 et 1985 Code civ.

D'une part, l'art. 1353 dit que les présomptions qui ne sont point établies par la loi ne doivent être admises que dans les cas seulement où la loi admet la preuve testimoniale ; d'autre part, l'art. 1985 dit que le mandat peut être donné verbalement, mais que la preuve testimoniale n'en est reçue que conformément au titre des contrats ou des obligations conventionnelles en général. La combinaison de ces deux articles ne peut donc laisser aucun doute sur l'exactitude juridique du principe que nous venons de poser. Ce principe, auquel un arrêt de la Cour de cassation, du 2 juin 1847, avait déjà prêté appui, a été solennellement consacré par un arrêt du 30 juin 1852 ; cet arrêt, émané de la Chambre des requêtes, a rejeté le pourvoi formé contre un arrêt de la Cour de Poitiers, du 22 juillet 1851 *(J. des Not.,* art. 14567).

« Attendu, avait dit la Cour de Poitiers, que l'action de la dame Bourzé a pour but de rendre le notaire Cothereau responsable de la perte du capital de 3,000 fr. prêté par elle, avec hypothèque, aux époux Moreau, sur un acte obligatoire du 11 novembre 1846 ;—Attendu que cette action est formée contre ledit sieur Cothereau, non en sa qualité même de notaire et pour violation des devoirs professionnels qu'elle lui imposait, mais en vertu d'un mandat spécial que la dame Bourzé prétend lui avoir donné, antérieurement à l'acte, à l'effet de lui procurer un bon et solide placement ;— Attendu que l'existence de ce mandat est formellement déniée par l'appelant ; que la dame Bourzé n'en rapporte aucune preuve écrite, et que l'objet auquel il se réfère étant d'une valeur supérieure à 150 fr., la preuve testimoniale n'en peut être ordonnée qu'à la condition préalable d'un commencement de preuve par écrit ; —..... Attendu que le commencement de preuve par écrit ne ressort pas du bordereau et du certificat d'inscription qui auraient été délivrés à M° Cothereau, sur sa demande, par le conservateur des hypothèques, parce que ces deux actes sont postérieurs à l'obligation hypothécaire du 11 novembre 1846 ; que, tout au plus, ils font présumer ou prouvent, si l'on veut, qu'après la passation du contrat, le notaire Cothereau, comme cela se pratique le plus habituellement, s'est volontairement chargé du soin de rédiger le bordereau d'inscription et de vérifier l'état des inscriptions antérieures ; ce qui pouvait certainement engager sa responsabilité vis-à-vis de l'intimée, s'il s'était acquitté de cette mission d'une manière dommageable pour ses intérêts; mais que tel n'est pas du tout le mandat dont la dame Bourzé demande à faire preuve contre lui ; que ce qu'elle demande à prouver, c'est qu'antérieurement à l'obligation, il avait accepté d'elle le soin de lui procurer lui-même un emprunteur, et qu'il n'y a absolument rien dans les deux actes invoqués, non-seulement qui prouve un pareil mandat, mais qui l'implique même le moins du monde ;—Qu'ainsi, et en l'absence de ce commencement de preuve par écrit, qui en est la première condition, la preuve testimoniale offerte par l'intimée ne doit donc pas être admise. »

Nous avons dû rappeler les termes de cet arrêt de la Cour

de Poitiers, parce qu'il fait corps, en quelque sorte, avec
l'arrêt de la Chambre des requêtes, du 30 juin 1852 (J. des
Not., art. 14720 ; J. Pal., 1852, 2, 266). Ce dernier arrêt, qu'on
peut considérer véritablement comme un arrêt de principe,
est ainsi conçu :

« Attendu qu'aux termes de la loi du 25 ventôse an XI, les
notaires sont les fonctionnaires publics établis pour recevoir
tous les actes et contrats auxquels les parties doivent
ou veulent donner le caractère authentique ; que là doit se
borner leur mission et la responsabilité qui peut en résulter ;
—Attendu que si, en certains cas, les notaires, n'agissant
plus comme notaires, mais devenus mandataires des parties
par leur volonté respective, peuvent être soumis à la responsabilité comme mandataires, il faut que le mandat ne soit
pas dénié ou découle des règles du droit ; —Attendu qu'il
résulte des faits constatés par l'arrêt attaqué, que l'action di-
rigée par la demanderesse en cassation contre Cothéreau
avait été formulée, non en sa qualité de notaire et pour violation des devoirs professionnels qu'elle lui imposait, mais
en vertu d'un mandat spécial que la dame Bourzé préten-
dait lui avoir donné antérieurement à l'acte, à l'effet de lui
procurer un bon et solide placement ; —Attendu que la Cour
d'appel n'a pas trouvé, dans les constatations de fait qui lui
étaient soumises, le commencement de preuve par écrit nécessaire pour arriver à la preuve du mandat allégué par la
demanderesse en cassation, et que cette décision est souveraine ; —Rejette. »

La jurisprudence de la Cour de cassation paraît aujour-
d'hui définitivement fixée dans ce sens. V. Cass., 7 déc.
1868, (J. Pal., 1869, 394) ; Cass., 2 août 1875 (J. Pal., 1875,
1161) ; et surtout un arrêt de la Chambre civile, du 29 déc.
1875 (J. Pal., 1876, 1038), rendu sous la présidence de M. le
premier président Devienne, au rapport de M. le conseiller
Merville, et conformément aux conclusions de M. le premier
avocat général Bédarrides, arrêt qui mérite d'être cité ici
dans sa partie doctrinale, parce qu'il statue par voie de cassation et qu'il nous donne ainsi, sous la forme la plus indiscu-
table, le dernier état de la jurisprudence. Il est ainsi conçu :

« Vu les articles 1985 et 1341 Cod. civ. — Attendu que,
d'après la combinaison de ces articles, la preuve du mandat
civil ne peut être faite par témoins ou à l'aide de présomp-

tions qu'autant qu'il s'agit, entre les parties d'une somme n'excédant pas 150 fr., ou qu'il existe un commencement de preuve littérale, sauf, d'ailleurs, l'effet ordinaire de l'aveu judiciaire ou du serment ; — *Attendu qu'aucune exception à cette règle n'est admise par la loi en faveur du mandat tacite ; que les faits dont on prétend déduire l'existence d'un mandat tacitement conféré, doivent donc être légalement établis devant le juge, avant que celui-ci apprécie les conséquences qu'il convient d'en tirer ;*—.....Casse. »

On a opposé, il est vrai, à cet arrêt, plusieurs arrêts antérieurs à celui-ci, notamment deux arrêts de la Chambre des requêtes, du 18 août 1873 (*J. Pal.*, 1874, 410), et du 15 déc. 1874 (*J. Pal.*, 1875, 514), qui, sans proclamer la nécessité d'un commencement de preuve par écrit, disent, au contraire, que l'existence du mandat tacite résulte suffisamment « des circonstances et des faits constatés par le juge du fait,» ou encore « des documents de la cause et des explications contradictoires des parties données à l'audience du tribunal.» — Il n'y a pas, disons-le tout d'abord, entre ces arrêts et celui de la Chambre civile, du 29 décembre 1875, une opposition de doctrines aussi marquée qu'on pourrait le croire au premier abord, parce qu'en fait, au nombre de ces circonstances et de ces documents de la cause, auxquels s'étaient référés les premiers juges, se trouvaient des preuves par écrit, au tout au moins, des commencements de preuve par écrit. C'est ce que faisait observer lui-même M. le conseiller Dumon dans le rapport qui précède l'arrêt du 15 décembre 1874 (*J. Pal.*, *loc. cit.*). Malgré cette observation, nous devons reconnaître, néanmoins, que la Chambre des requêtes semblait, il y a quelques années, s'écarter, bien à tort, assurément, de la rigueur des principes posés par l'arrêt du 30 juin 1852 ; aussi, nous félicitons-nous que la Chambre civile ait eu occasion, dans son arrêt du 29 décembre 1875, de réagir contre cette tendance de la Chambre des requêtes, et en ait, espérons-le, définitivement triomphé (Voir, en effet, Cass., req., 22 nov. 1876, *J. Not.*, art. 21570).

Cette nécessité de recourir aux preuves légales, pour démontrer l'existence du mandat conféré aux notaires, s'appuie non-seulement sur les raisons de droit exposées dans les arrêts que nous venons de rappeler, mais encore sur des raisons de fait non moins décisives. M. Paul Pont, dans un remarquable article auquel nous renvoyons nos lecteurs (*Rev. crit.*, VII, p. 40), a fait merveilleusement ressortir ce double aspect de la question :

« Il ne suffit pas au client, dit-il, d'alléguer l'existence d'un mandat ; il devra prouver que le mandat existe réellement. En droit, ceci serait difficilement contestable, car, dans l'hypothèse où nous sommes placés, le notaire n'agit pas comme notaire : il est mandataire, abstraction faite de sa qualité ; il l'est, comme le serait toute personne non revêtue de fonctions. En fait, cela serait moins contestable encore. Les rapports entre le notaire et le client, particulièrement dans les campagnes, sont fréquents plus qu'on ne saurait le penser ; ils le sont d'autant plus que ces rapports, tant qu'ils ne se résolvent pas en actes du ministère du notaire, ne donnent lieu à aucun honoraire. Aussi le notaire, et particulièrement le notaire rural, est-il véritablement assailli : tout aboutit à son étude. Pour qui a vu les choses de près, il est certain qu'il n'y a pas de difficulté, quelle qu'en soit la nature, à l'occasion de laquelle le notaire ne soit consulté, pas d'incident sur lequel on ne vienne faire appel à ses lumières, pas d'affaires à traiter, si minime qu'elle soit, pour laquelle le paysan se fasse faute d'aller à l'étude solliciter un avis. Supposez, maintenant, qu'il suffise, pour établir le mandat, d'en alléguer l'existence, et voyez quel danger sort pour le notaire d'une position qu'il ne crée pas et qu'il ne doit pas subir. L'habitant de la campagne calcule avant tout ; et s'il est engagé dans une affaire qui a mal tourné pour lui, il tentera de tirer parti de ces relations toutes de confiance établies entre lui et le notaire à côté duquel il vit ; et il ne lui en coûtera pas, en vue d'éviter un préjudice, d'opposer ces relations mêmes, de s'en autoriser, pour alléguer le mandat, et en faire sortir une responsabilité à la faveur de laquelle il parviendrait à l'exonérer. L'obligation pour le client de prouver sera donc la sauvegarde du notaire. En droit, le notaire est fondé à y prétendre. En fait, les conditions mêmes de sa position exigent que cette garantie lui soit donnée. »

Ajoutons que la Cour de cassation a fait application de ces principes, non-seulement aux rapports entre mandant et mandataire, mais encore aux rapports du mandataire avec les tiers Cass., civ., 7 mars 1860, (*J. Pal.*, 1861, 221). Voir, cependant.

sur ce dernier point, en sens contraire : Troplong, v° *Mandat*,
n° 145 ; Toulier, *Théorie du Code civil*, VI, p. 516 ; Massé et
Vergé, *Droit civil français*, V. p. 39, § 751, note 4.

Nous devons, toutefois, rappeler qu'il n'en est pas de l'acceptation du mandat tacite comme du mandat lui-même.
L'article 1985, *in fine*, dit, en effet, formellement, que « l'acceptation du mandat peut n'être que tacite et résulter de
l'exécution qui lui a été donnée par le mandataire. » (Conf. :
Cass., req., 19 mars 1856.)

« Ainsi, tandis qu'il faut la preuve directe du mandat, et que
ni la preuve testimoniale, ni, par conséquent, les présomptions de l'homme ne suffisent à en établir l'existence,
lorsque le mandat est verbal ou tacite, si ce n'est dans les cas
exceptionnels où ces moyens sont admis d'après le droit
commun ; la voie des conjectures est largement ouverte, en
ce qui concerne l'acceptation qui peut être tenue pour constante, bien qu'elle n'ait été formulée ni verbalement, ni par
écrit. Les tribunaux ont donc, en cette matière, un pouvoir
fort étendu d'appréciation. Toutefois, ce pouvoir n'est pas
illimité, comme on le pourrait croire, en prenant à la lettre
la disposition de la loi ; il y a une règle que la raison sug-
gère, que la nature même des choses indique, et qui supplée
à la loi, dont la disposition, d'ailleurs, ne devait et ne pouvait pas être plus précise : il faut, après avoir reconnu et déterminé l'objet même du mandat produit ou allégué, n'admettre, comme faisant preuve de l'acceptation par le mandataire, que les faits absolument corrélatifs, si bien qu'on ne
les puisse comprendre et qu'ils n'aient de raison d'être que
comme exécution du mandat. » (Paul Pont, *Petits Contrats*,
n° 877.)

Au point de vue de la responsabilité qui pèse sur le notaire, il est également important de distinguer le cas où
il est mandataire et celui où il est gérant d'affaires. Ainsi,
si le notaire a reçu un mandat exprès ou tacite, ce mandat finira par la mort du mandant, et il ne sera tenu d'a-
chever l'affaire qu'autant qu'il y aura péril en la demeure
(art. 1991, C. civ.), tandis que s'il est gérant d'affaires, il devra toujours, nonobstant la mort du propriétaire ou du
maître, continuer l'affaire commencée jusqu'à ce que l'héri-
tier ait pu en prendre la direction (art. 1373). De plus, comme
mandataire, il aura le droit d'exiger le remboursement des

déboursés faits en exécution du mandat, même des déboursés inutiles (art. 1999), tandis qu'en cas de gestion d'affaires, il n'aura droit d'être indemnisé que des dépenses utiles (art. 1373).

Pour ces raisons et pour celles que nous avons indiquées plus haut, en parlant des différents modes de preuve, les parties ne peuvent donc pas indifféremment et, en quelque sorte, au gré de leur bon plaisir, exercer contre un notaire *l'action mandati* ou l'action *negotiorum gestor.* Souvent, cependant, elles confondent ces deux actions, et lorsqu'on examine les nombreuses décisions de la jurisprudence, on se convainct que les tribunaux eux-mêmes ont commis plus d'une fois la même erreur.

(Voir, par exemple, Bordeaux, 20 juin 1853, *J. Pal.*, 1855, 2, 288 ; Cass., 22 avril 1856, *J. Pal.*, 1856, 2, 449.)

§ IV. — *Présomptions invoquées en justice pour établir l'existence du mandat tacite ou de la gestion d'affaires. — Présomptions probantes ou non probantes.* — Les explications qui précèdent indiquent sous quelles conditions les présomptions peuvent être invoquées en justice pour établir qu'un mandat tacite a été confié au notaire. Ces réserves une fois faites, et soit qu'il s'agisse de mandat tacite, soit qu'il s'agisse de gestions d'affaires, les juges ont à statuer sur le mérite des présomptions elles-mêmes. Il nous serait impossible de les suivre pas à pas dans cet examen, car nous ne pouvons passer ici en revue la variété infime des faits d'où la justice peut induire l'existence d'un mandat tacite.

Il est cependant certains faits sur lesquels nous devons insister, parce qu'ils ne nous paraissent pas avoir la force probante que la jurisprudence leur a souvent attribuée. Nous signalerons ensuite les faits qui présentent à nos yeux le caractère de présomptions graves, précises et concordantes.

Une première présomption est tirée de ce fait que l'officier public est le notaire habituel de la partie. Cette présomption, si elle est isolée de tout autre, doit-elle suffire pour établir l'existence d'un mandat tacite, et pour rendre le notaire responsable de la sûreté d'un prêt hypothécaire fait par acte passé devant lui ? Non, les relations de notaire à client sont sans doute des relations de confiance, mais elles ne créent pas nécessairement entre eux ce lien de droit qui caractérise le mandat.

Le notaire, avons-nous dit en commençant cette étude, n'est pas le mandataire légal de la partie qui use de son ministère ; nous n'admettons pas davantage qu'il devienne son mandataire légal, lorsque cette partie a usé, non pas une fois, mais deux fois, dix fois, vingt fois, de son ministère. Il y a les mêmes raisons de décider dans un cas comme dans l'autre : c'est à l'officier public que la partie a recouru dans le passé et recourra encore dans l'avenir, et c'est, en conséquence, la responsabilité de l'officier public et non celle du mandataire qui doit seule être en jeu (*Sic*, Pont, *Petits Contrats*, t. I, n° 854 ; Note de M. Cauwès, professeur agrégé à la Faculté de Droit de Paris, *J. Pal.*, 1871. 2, 577).

Aussi bien la jurisprudence, tout en attachant généralement, selon nous, une trop grande importance à ces relations entre notaires et clients, n'a-t-elle presque jamais considéré que ce fait pût impliquer à *lui seul* l'existence d'un mandat tacite. (Voir cependant Bordeaux, 17 juillet 1877, *Journal du Notariat*, n° du 6 avril 1878).

L'existence du mandat tacite pourra-t-elle, du moins, résulter de ce fait qur la partie, cliente habituelle du notaire rédacteur de l'acte, est d'ailleurs complétement illettrée et inexpérimentée ? Telle paraît être la pensée de plusieurs arrêts, pensée que nous considérons également comme entachée d'erreur (Voir Paris, 13 juin 1854, *J. du Pal.*, 1854, II, p. 477 ; Bourges, 22 août 1877 ; *Journal du Notariat*, n° du 26 janv. 1878).

Ces arrêts ne reposent pas, il est vrai, sur cette unique présomption.

Mais si, à cette double circonstance que la partie est la cliente habituelle du notaire, et qu'elle est d'ailleurs dépourvue d'instruction et de connaissances juridiques, s'ajoute cet autre fait, qu'aux termes du contrat les paiements doivent être faits en l'étude du notaire, les Cours et Tribunaux voient souvent là—c'est du moins le sens de plusieurs arrêts —un ensemble de présomptions assez graves, précises et concordantes, pour impliquer l'existence du mandat.

Cette doctrine a été tout particulièrement consacrée par un arrêt de la Cour de Toulouse, du 25 juillet 1855, arrêt dont la portée est d'autant plus grande que la Chambre des

requêtes, à la date du 22 avril 1856 (*J. du Pal.*, 1856, 2, 454),
a refusé formellement de le censurer. Il est conçu dans les
termes suivants :

« Considérant que les notaires sont responsables, non-
seulement de la validité des actes qu'ils dressent, mais encore des fautes préjudiciables à leurs clients et qu'ils com-
mettent en exerçant leur ministère ; qu'ils le sont également
des conséquences des contrats, s'ils y participent en se consti-
tuant les agents des parties ;—Attendu que parmi les devoirs
attachés aux fonctions notariales se trouve celui d'éclairer
les parties sur la nécessité et les moyens de vérifier la solvabilité des emprunteurs ; que ce devoir est plus ou moins
rigoureux, selon le degré de capacité qu'elles paraissent
posséder pour se livrer, en connaissance de cause, aux opérations de cette nature ; que les professions exercées par le
sieur L..... et les époux C....., devaient seules l'avertir qu'à
leur égard il ne pouvait l'oublier, sans se rendre coupable
d'une omission et passible de ses résultats, puisque l'on ne
saurait supposer que s'ils avaient su que, de l'état hypothécaire et matrimonial des époux D..... dépendaient les assu-
rances sur la foi desquelles ils consentaient à leur livrer des
capitaux, la justification de cet état n'aurait pas été préala-
blement exigée de ces derniers, et, qu'édifiés, enfin, sur les
dangers qu'elle eût révélés, ils auraient ainsi compromis le
fruit de leurs travaux et de leurs économies ; — Que la négligence de Me M....., contraire aux prudentes habitudes du
Notariat, devient extrêment grave si l'on considère qu'ayant
constaté d'autres emprunts par les époux D....., il devait être
instruit de la consistance de leurs biens immobiliers et des
affectations qu'ils avaient déjà reçues ; que ses informations,
à cet égard, apparaissent dans une première obligation consentie par eux en faveur de l'un des demandeurs, et dans laquelle il avait pris la précaution de s'affranchir de toute
garantie du chef de leur solvabilité ; que, sous ce premier
rapport, l'action du sieur L..... et des époux C..... est bien
fondée ; — Considérant qu'il est rationnel de présumer que
de simples ouvriers, traitant d'intérêts aussi importants, ne
s'en sont pas rapportés à leurs appréciations personnelles
pour les précautions qu'il convenait de prendre afin de leur
donner les garanties convenables ; — Qu'ils ont dû, dès lors
se déterminer, sinon par l'initiative, du moins par les con-

seils de leur notaire, en s'abandonnant à la confiance qu'il leur inspirait ; d'où il suit que ce dernier, ne se bornant pas à constater des déclarations spontanées, se serait fait l'intermédiaire et l'agent des parties ; que, s'agissant du *negotiorum gestor*, ces présomptions peuvent, indépendamment de toute preuve écrite, déterminer une seule décision, si, d'ailleurs, elles réunissent les caractères précisés par la loi;—*Que, si elles n'étaient pas suffisamment graves et concordantes, elles corroborent, du moins, ce qui s'induit de cette clause insérée dans les contrats, et d'après laquelle l'obligation d'opérer les paiements de toute nature en l'étude du notaire est imposée aux emprunteurs, sans qu'elle exprime cependant que la présence des créanciers sera nécessaire à la validité des paiements ;* — Que s'il est prétendu que cette stipulation est faite dans l'intérêt personnel du notaire, et qu'étant illicite, sa nullité devrait se borner à la faire considérer comme non avenue, un tel argument n'est que spécieux contre l'interprétation plus logique qu'elle comporte désignant le notaire comme l'intermédiaire et l'agent des parties, alors surtout que les considérations qui s'induisent de leur inaptitude apparente et de leur profession concourent à lui faire attribuer cette qualité ; qu'ainsi, le sieur M..... est encore, sous ce rapport, responsable du préjudice éprouvé par les demandeurs..... » (Voir, en ce sens, un arrêt de la Cour de Poitiers, du 30 juin 1847 *(J. Pal.*, 1847, II, p. 695) ; Colmar, 15 juin 1847 *(Ibid,*, p. 137) ; un jugement du tribunal de Versailles, du 28 décembre 1877, *Journal du Notariat*, n° du 19 juin 1878.)

Quoi qu'en ait dit la Cour de Toulouse, nous ne pensons pas que la clause en vertu de laquelle tous les paiements, de quelque nature qu'ils soient, doivent être faits en l'étude du notaire, signifie que l'officier public a fait de ce placement son affaire personnelle, ou même doive être considéré comme le mandataire du prêteur. Il a été, en effet, maintes fois jugé, qu'une pareille clause ne confère pas de plein droit et à elle seule pouvoir au notaire de recevoir et de donner quittance (Cass., 23 novembre 1830, 21 novembre 1836 ; Bordeaux, 11 juillet 1859 ; Lyon, 16 février 1860 ; *J. Pal.*, 1860, p. 1014, 1861, p. 1043 ; Cass., req., 22 novembre 1876, *Jurispr. Not,*, art. 21500). C'est assez dire que cette clause n'a pas, vis-à-vis du notaire, la valeur d'un mandat ni exprès ni tacite ; en déterminant un lieu particulier de paiement pour la commodité soit du prêteur, soit de l'emprunteur, soit peut-être des deux parties, elle ne modifie en aucune façon les relations personnelles qui existent entre elles. Que cette clause soit ou ne soit pas inscrite dans le contrat, elle ne peut éclairer le juge sur le point de savoir si le prêteur et l'emprunteur se connaissaient ou étaient étrangers l'un à l'autre, s'ils ont obéi plus ou moins à une pression exercée par le notaire, et si celui-ci a simplement prêté aux parties son ministère, ou a été, en outre, le représentant de leurs intérêts ; elle ne peut donc établir, ni directement, ni indirectement, l'existence d'un mandat tacite ou de la gestion d'affaires. (Conf., Paul Pont, *loc. cit.*, n°s 855 et 856.)

Telles sont les inductions auxquelles la jurisprudence a souvent recours pour établir, à l'encontre du notaire, l'existence d'un mandat tacite. Elles nous paraissent dépasser les bornes fixées par la logique, le droit et l'équité, et viennent se heurter à ce double principe inscrit dans notre loi : 1° Le mandat ne se présume pas ; 2° La gestion d'affaires résulte, non pas d'un sentiment général de confiance réciproque, mais d'un acte de gestion proprement dit, spontanément accompli par une personne au nom d'une autre (art. 1372, Cod. civ.).

Ces réserves une fois faites sur la nature et la valeur de certaines présomptions, nous devons, par contre, citer ici, à titre d'exemples, d'autres faits, sur lesquels les tribunaux et les Cours d'appel ont pu, avec raison, se fonder, pour déclarer l'existence soit du mandat tacite, soit de la gestion d'affaires.

En ce qui concerne les placements hypothécaires, seule opération que nous envisagions ici, les arrêts considèrent généralement que le notaire a agi comme mandataire ou *negotiorum gestor* du prêteur : 1° S'il a indiqué lui-même l'emprunteur, dont il a attesté la solvabilité (Douai, 22 décembre 1849, *J. Pal.*, 1841, 1, 178; Cass., req., 11 juillet 1866, *J. Pal.*, 1866, 878) ; 2° Lorsqu'il n'a pas mis le prêteur en rapport avec l'emprunteur (Paris, 18 et 28 février 1842, *J. Pal.*, t. I, 1842, p. 300 et 302; Besançon, 17 juillet 1844, *J. Pal.*, t. I, 1845, p. 682 ; Cass., 3 août 1847, *J. Pal.*, t. II, 1847, p. 628; Dijon, 10 août 1849, rapporté avec Cass., 19 juin 1850, *J. Pal.*, t. I, 1851, p. 267 ; Rouen, 18 mars 1868, *J. Pal.*, 1869, 845) ; 3° Lorsqu'il a stipulé lui-même les conditions du prêt (Besançon, 17 juillet 1844, et Cass., 3 août 1847 (précités); 4° Lorsque le notaire s'est chargé de toutes les mesures à prendre pour la conservation des droits du prêteur (Paris, 14 février 1823; Toulouse, 25 juillet 1835; Cass., 9 août 1836, *J. Pal.*, t. I, 1837, p. 222; Paris, 21 janvier 1845 (rapporté avec Cass., 3 août 1847, *J. Pal.*, t. II, 1847, p. 701); 5° Lorsqu'il a engagé ses clients dans un placement de fonds qu'il savait ne pas être bon (Cass., 29 décembre 1847, *J. Pal.*, t. I, 1848, p. 238); 6° Lorsqu'il s'est chargé de recevoir, dans l'intérêt des parties, les deniers formant l'objet d'actes d'emprunt rédigés par lui, et de distribuer ces deniers aux créanciers de l'emprunteur; il doit, en pareil cas, rendre compte de ce mandat (Besançon, 2 juin 1843, *J. Pal.*, t. I, 1844, p. 48); 7° Lorsqu'il s'est entremis pour partie dans la négociation d'un prêt, et qu'il a promis à son client de ne rien négliger de ce qui pourrait concourir à l'entière sûreté de ses fonds (Douai, 28 janvier 1846, *J. Pal.*, t. I, 1846, p. 574); V., en outre, un arrêt d'Amiens, du 9 avril 1856, *J. Pal.*, 1856, t. I, 213, qui juge que le notaire qui a reçu un acte constatant un prêt hypothécaire qu'il était chargé de négocier, est responsable soit de la nullité de cet acte, par suite de la représentation irrégulière de l'une des parties, soit de la nullité de l'hypothèque consentie en vertu d'un mandat non authentique.

§ V. — *Le notaire mandataire ou gérant d'affaires de son client n'est pas présumé être sa caution.* — Faudrait-il croire que le mandat et la gestion d'affaires une fois prouvés, le notaire devra nécessairement être condamné à rembourser au prêteur la totalité de la somme prêtée? Non, car, ainsi que l'a fait remarquer fort justement un arrêt que nous citons plus loin, le notaire, fût-il mandataire, fût-il gérant d'affaires de son client, n'est pas présumé être sa caution. En conséquence, si, comme mandataire ou gérant d'affaires, il est responsable des conséquences de son impéritie ou de sa négligence, cette responsabilité s'efface ou diminue sensiblement, lorsque le dommage subi par son client tient, en tout ou en partie, à des causes autres que cette impéritie ou négligence, ou, à plus forte raison, à une faute commise par la partie lésée elle-même. C'est ce qui est admis, du reste, par une jurisprudence constante. La Cour de cassation, par son arrêt du 16 août 1865, a reconnu positivement le droit aux juges du fait de limiter, pour les raisons que nous venons d'indiquer, l'étendue de la responsabilité qui pèse sur les notaires. Elle leur a permis, notamment, de fixer les dommages-intérêts que doit le notaire à la somme pour laquelle l'immeuble a été ultérieurement adjugé, bien que cette somme soit inférieure au montant du prêt, s'il est établi que le prêteur a pu, par lui-même, se rendre compte de la valeur de cet immeuble et qu'il l'a accepté comme garantie suffisante. La responsabilité est partagée, de cette sorte, entre le notaire et son client. Entre autres arrêts qui ont fait application de ce principe, nous rappellerons ici les suivants : (Nîmes, 29 avril 1863, *J. Pal.*, 1864, 1205 ; Lyon, 8 février 1867, *J. Pal.*, 1867, 581 ; Pau, 14 mai 1868, joint à Cass., 17 août 1869, *J. Pal.*, 1869, 1047 ; Cass., 13 avril 1869, *J. Pal.*, 1869, 786 ; Cass., 20 novembre 1871, *J. Pal.*, 1871, 581 ; Bourges, 22 août 1877, *loc. citat.*) Voir, en ce sens, la note de M. Cauwès, agrégé à la Faculté de droit de Paris, sous l'arrêt du 10 juillet 1871, *J. Pal.*, 1871, 576 ; Cass., 13 août 1874, *J. Pal.*, 1875, 507 ; Bordeaux, 23 juillet 1874, *J. Pal.*, 1876, 1042.)

Nous devons, à ce titre, signaler tout particulièrement à nos lecteurs un arrêt d'admission rendu par la Chambre des requêtes, à la date du 21 janvier 1880 *(Journal du Not.*, nº du 11 février 1880). La Cour avait à résoudre la question suivante : Lorsqu'un notaire a servi d'intermédiaire pour la réalisation d'un prêt hypothécaire, garantit-il au prêteur la suffisance du gage non seulement au moment du prêt, mais encore à l'époque du remboursement, de telle sorte que si, à cette dernière époque, et *par un fait absolument indépendant de la volonté du notaire*, le gage ne suffit pas à désintéresser le créancier, celui-ci soit en droit d'actionner le notaire en responsabilité ? La Chambre des requêtes, en admettant le pourvoi, a préjugé la solution de cette question dans le sens de la négative.

« Sans doute, a dit, dans les savantes observations qu'il a présentées à l'appui du pourvoi, M. le conseiller rapporteur, sans doute, il est reconnu par le jugement attaqué que les garanties affectées au remboursement de la créance sont actuellement insuffisantes, mais il n'est nullement reconnu qu'elles fussent insuffisantes au moment du prêt. Le notaire, au contraire, le nie énergiquement dans ses conclusions, et si, comme il le prétend, au moment du prêt, le gage était d'une valeur plus que suffisante pour assurer le remboursement de la créance, si l'insuffisance n'est venue que par des circonstances indépendantes du fait du mandataire, en dehors des prévisions qui s'imposaient à un mandataire diligent, où est la faute et où est la responsabilité ? Le jugement ne le dit pas, Comment dire, dès lors et après lui, que la faute résulte des constatations qu'il a faites, et que la responsabilité du notaire a été justement déclarée ?

» Le notaire B..... affirmait, de plus, que le sieur C....., son client, s'était engagé vis-à-vis de lui à surenchérir, si, lors de l'adjudication, l'immeuble n'atteignait pas un prix suffisant pour le désintéresser, et que, malgré sa promesse, il n'avait pas assisté à l'adjudication et n'avait pas enchéri, ce qui avait eu pour conséquence la vente à vil prix d'un immeuble d'une valeur réelle, double de celle pour laquelle il avait été adjugé. A cette articulation le jugement se borne à répondre : « Attendu que l'on ne voit pas comment le » sieur C....., en ne portant pas d'enchères pour être déclaré » adjudicataire d'un immeuble dont il n'a que faire, a pu » dégager la responsabilité de Me B..... » Ce n'est pas seulement là un jugement pauvrement motivé, mais c'est un jugement qui n'est point motivé du tout. On peut répondre au jugement que s'il ne voit point comment C..... a pu dégager la responsabilité de Me B..... en n'enchérissant pas, Me B..... affirme que lui le voit, qu'il explique pourquoi il le voit, et que le jugement, de son côté, après les conclusions de Me B....., devrait dire pourquoi l'engagement pris par C..... pouvait ne pas être rempli.

« En tout cas, des constatations du jugement, il nous paraît impossible de dégager la faute du mandataire, et, dès lors, il y aurait lieu d'admettre sur le premier moyen. »

Bien que ces observations n'aient été sanctionnées encore que par un arrêt d'admission, et que la décision souveraine et définitive doive émaner plus tard de la Chambre civile, il nous a paru utile de mettre sous les yeux de nos lecteurs des réflexions dictées par un sens droit et juste et par une intelligence parfaite des règles de la matière.

Mais nul arrêt ne nous paraît avoir fixé plus nettement les véritables limites auxquelles s'arrête la responsabilité notariale, qu'un arrêt de la Cour de Lyon, du 3 juillet 1868 *(J. Pal.*, 1869, 846), rendu sous la présidence d'un éminent magistrat, M. le premier président Gilardin. Il est trop long pour que nous puissions le reproduire en entier; mais nous devons en citer, tout au moins, les passages les plus importants :

« Attendu, dit cet arrêt, que suivant acte reçu Mitiffiot, notaire à Lyon, le sieur Clouet a prêté aux sieurs Jude et Cᵉ, une somme de 14,000 fr.; que ce prêt était garanti par une hypothèque sur une maison sise à Lyon, cours Napoléon, 13, grevée d'une dette hypothécaire de 160,000 fr.; que cette maison a été saisie au préjudice des débiteurs le 12 avril 1864, et vendue à la barre du tribunal, en janvier 1867, moyennant le prix de 174,500 fr.; — Attendu qu'un ordre ayant été ouvert sur ce prix, le sieur Clouet a été colloqué utilement pour une somme de 5,845 fr. 95 c.; mais, que sa créance s'élevant, en principal et intérêts, à 14,457 fr. 85 c., il en est résulté pour lui une perte de 8,611 fr. 85 c.; — Attendu qu'il demande à être indemnisé de cette perte par Mᵉ Mitiffiot, soit comme négociateur du placement, soit encore comme lui ayant garanti personnellement le remboursement de la somme prêtée; — Attendu, en fait, qu'il résulte bien de l'ensemble des documents de la cause et des explications personnelles des parties entendues à l'audience, la preuve que Mᵉ Mitiffiot a été réellement le négociateur du prêt dont s'agit; qu'il reconnaît lui-même que le prêteur et les emprunteurs n'ont jamais été mis en présence, et qu'ils n'ont point débattu entre eux les conditions du prêt; qu'il reconnaît que c'est lui qui a indiqué le placement à Clouet, en lui exprimant la pensée que le gage hypothécaire semblait offrir des sûretés suffisantes; qu'il reconnaît encore que c'est lui ou son clerc qui ont touché directement les fonds prêtés, et qu'il les a encaissés pour le compte des emprunteurs; — Attendu, enfin, qu'il est constant qu'il a reçu, outre ses déboursés pour l'acte dont s'agit, 2 p. 100 à titre d'honoraires sur le montant du prêt, tandis que, suivant les usages suivis dans le Notariat lyonnais, il n'aurait dû percevoir que 1 p. 100, s'il fût resté simplement notaire rédacteur de l'acte; que l'excédant par lui perçu est précisément la rémunération de son intervention comme négociateur de l'emprunt et de son double rôle de notaire et de mandataire tacite des parties;

— Mais, attendu qu'il ne suffit pas, pour rendre un notaire responsable des suites d'un placement, de prouver qu'il l'a indiqué et même négocié ; qu'il faut établir ou qu'il a donné sa garantie personnelle comme caution de l'emprunteur, ou qu'il a commis une faute dans la négociation ; que si l'existence d'une simple faute n'est pas incompatible avec la bonne foi du notaire, elle doit, au moins, résulter d'une erreur inexcusable, provenant soit de l'impéritie, soit d'une négligence ou d'une imprudence appréciables ; que s'il est juste de maintenir la responsabilité des notaires quand ils trahissent la confiance des parties en compromettant par légèreté les intérêts de leurs clients, il est bon aussi, suivant les expressions de M. Troplong *(Du Mandat,* n° 26), de ne pas pousser ces responsabilités à l'excès pour ne pas environner de trop de périls des fonctions déjà si délicates et si difficiles ; — Attendu que, d'une part, dans l'espèce, il n'est nullement établi que M⁰ Mitiffiot se soit porté personnellement garant du placement dont il s'agit ; que si, en thèse générale, le cautionnement ne se présume pas et doit être prouvé par écrit ou par un commencement de preuve par écrit, ce principe s'applique surtout aux notaires auxquels il est fermement interdit, par l'art. 12 de l'ordonnance du 4 janvier 1843, de se porter garant ou caution, à quelque titre que ce soit, des prêts faits par leur intermédiaire ; que M⁰ Mitiffiot reconnaît seulement avoir dit à Clouet que le placement lui semblait bon, et que sa déclaration, à cet égard, est indivisible ; — Attendu, d'autre part, qu'en réalité il n'a jamais commis aucune faute qui puisse engager sa responsabilité personnelle envers le sieur Clouet ; que, dans les circonstances particulières de la cause, il a pu croire, sans témérité ni impéritie, à la suffisance du gage hypothécaire, eu égard à sa valeur apparente au moment du contrat, et, qu'en tous cas, le sieur Clouet a prêté son argent en pleine connaissance de cause ; qu'il a pu et dû apprécier par lui-même la valeur de ce gage, et qu'il en a volontairement assumé tous les risques ; — Attendu, en effet, que l'immeuble hypothéqué, consistant..., etc...; que s'il n'a été vendu, par suite de saisie immobilière, en janvier 1867, qu'au prix de 174,500 fr., il faut imputer cette dépréciation à diverses causes qui, depuis 1860, ont généralement abaissé la valeur des maisons dans la ville de Lyon...; — Attendu, d'ailleurs,

que Clouet n'est pas un homme illettré, étranger à la connaissance des affaires et ayant agi sous l'empire d'une entière confiance dans le notaire, sans avoir rien pu vérifier par lui-même; qu'il n'était même pas le client habituel de M° Mitiffiot; qu'il reconnaît que celui-ci, en lui proposant le placement, lui a désigné l'immeuble qui devait servir de gage hypothécaire à la créance, et l'a prévenu qu'il serait primé par une dette hypothécaire de 160,000 fr.; que l'acte constate, d'ailleurs, ce fait...; que si, conformément à la clause habituelle d'élection de domicile des parties en l'étude des notaires, Clouet a touché les intérêts de sa créance en l'étude et par l'entremise de M° Mitiffiot, jusqu'à la vente de l'immeuble, ces intérêts lui ont été payés en réalité non avec les deniers personnels du notaire, mais avec les fonds versés, soit par les débiteurs eux-mêmes avant la saisie, soit par le séquestre nommé pour encaisser les fruits immobiliers depuis la transcription de la saisie jusqu'à l'adjudication; — Par ces motifs, déclare le sieur Clouet non recevable, en tous cas mal fondé dans sa demande. »

Cet arrêt de la Cour de Lyon vaut, à nos yeux, tout un traité sur la matière. D'une part, il expose et classe dans un ordre parfait tous les faits à l'aide desquels on peut reconnaître l'existence d'un mandat tacite. D'autre part, après avoir reconnu que le notaire était mandataire de son client pour le placement de ses fonds, il le déclare néanmoins affranchi de toute responsabilité : 1° parce que le mandataire, qu'il soit notaire ou qu'il ne le soit pas, n'est jamais responsable des fautes de son mandant, et, qu'en conséquence, la perte subie par ce dernier doit retomber entièrement sur lui si elle est imputable bien plus à sa propre négligence qu'à celle du notaire lui-même; 2° parce que le mandataire n'est pas caution de son mandant et n'est pas présumé l'être, jusqu'à preuve contraire (art. 2015, C. civ.); et cette règle s'applique aux notaires bien plus étroitement qu'à tout autre mandataire, puisque l'ordonnance du 4 janvier 1843 leur interdit (art. 12, 6°) « de se constituer garants ou cautions, à quelque titre que ce soit, des prêts qui auraient été faits par leur intermédiaire ou qu'ils auraient été chargés de constater par acte public ou privé. » Or, il y a cette différence essentielle entre le mandataire et la caution, que le premier ne répond que de la mauvaise exécution de son mandat, tandis que le second répond encore de toutes les causes accidentelles ou indépendantes de sa volonté, des cas fortuits ou de force majeure qui enlèvent au créancier les garanties sur lesquelles il pouvait compter.

Ainsi autant il est injuste de voir dans tout notaire un mandataire, autant c'est chose contraire au droit de transformer en caution celui qui n'est que mandataire ou gérant d'affaires d'une tierce personne.

CHAPITRE IV.

DROIT DE CONTROLE DE LA COUR DE CASSATION. — LIMITES QU'IL APPORTE, EN MATIÈRE DE RESPONSABILITÉ NOTARIALE, A L'APPRÉCIATION DES JUGES DU FAIT.

Bien que nous ayions déjà, dans le cours de cette étude, cité ou rappelé tout au moins de nombreux arrêts de la Cour de cassation et que nous nous soyions efforcé, — chose souvent difficile, — de dégager de cette jurisprudence les règles qui gouvernent la matière, nous devons indiquer d'une façon plus précise quel rôle joue la Cour suprême dans la solution des questions que nous avons examinées et dans quelle mesure elle exerce son droit de contrôle sur les appréciations des juges du fait.

Comme nous l'avons vu, deux questions principales se posent en général devant les juges du fait : 1° le notaire a-t-il reçu un mandat exprès ou tacite de son client? 2° qu'il ait ou qu'il n'ait pas reçu de mandat, a-t-il commis une faute à l'égard de son client? peut-il être actionné par lui, soit en vertu de l'art. 1992, soit en vertu des articles 1382 et 1383 Code civ.?

La Cour suprême se reconnaît-elle le droit de résoudre ces deux questions ou s'en rapporte-t-elle complètement, à cet égard, aux constatations des juges du fond?

Sur ce point, de l'aveu même de la Cour de cassation, sa jurisprudence a varié; tout récemment encore, M. le conseiller Crépon, dans un rapport que nous avons déjà

cité, rappelait à la Chambre des requêtes cet heureux re vire
ment d'opinions.

« Quel est le pouvoir des juges du fond, disait M. le conseiller rapporteur, relativement à la détermination du mandat et de la faute qui pourrait résulter de son exécution.?

» D'un certain nombre d'arrêts rendus par vous, on pourrait induire un pouvoir souverain reconnu aux juges du
fond, non seulement pour constater le mandat, mais encore
pour dégager la faute, la responsabilité, des conditions dans
lesquelles ce mandat aurait été exécuté.

» Des arrêts plus récents, au contraire, *arrêts qu'on doit
considérer comme formant le dernier et véritable état de
votre jurisprudence sur l'application des articles 1382 et 1383
du Code civil, ne reconnaissent ce pouvoir souverain aux
juges du fond que pour la constatation des faits desquels
résulteraient et le mandat et la faute, mais réservent à la
Cour de cassation d'examiner si les faits ainsi constatés
constituent véritablement le mandat et la faute.*

» On peut citer en ce sens un arrêt du 15 avril 1873, et
pour rester plus spécialement en matière notariale, un arrêt
du 28 avril 1875 et un autre du 7 janvier 1878. Ces arrêts,
après avoir énuméré les faits souverainement constatés par
le juge du fond, établissent, le premier, qu'on a pu en déduire
le mandat tacite, le second qu'on a pu en déduire la faute
commise par le notaire.

» En application de ces principes, nous devons nous
demander si, des faits souverainement constatés par
le jugement, résultent le mandat et la faute. »

Voilà bien défini, et défini par une autorité qu'on ne
pourra pas récuser, le rôle que doit jouer la Cour de cassation. Examinons comment elle le remplit.

Et d'abord en ce qui concerne l'existence du mandat, la
Cour suprême doit se demander: 1° si cette existence est
établie par un des modes de preuve prescrits par la loi; 2° si
les faits, légalement prouvés, constituent le mandat.

Sur le premier point, nous n'avons plus à rappeler ici la
jurisprudence que nous avons exposée plus haut. L'arrêt de
la Chambre civile du 29 décembre 1875 a solennellement
consacré le principe suivant:

« Les faits dont on prétend déduire l'existence d'un mandat
tacitement conféré doivent être légalement établis devant le

juge, avant que celui-ci apprécie les conséquences qu'il convient d'en tirer. »

Sur le second point, la jurisprudence de la Cour de cassation nous paraît malheureusement moins nette et moins précise. Les arrêts les plus nombreux, il faut bien le dire, sont ceux qui reconnaissent aux juges du fond un pouvoir discrétionnaire non seulement pour constater les faits mais pour dégager de ces faits l'existence du mandat, comme si c'était là une pure question d'intention!

« Qu'avait à examiner la Cour d'appel? disait à ce propos M. le conseiller Hardoin dans son rapport à la Chambre des requêtes, sur l'arrêt du 14 février 1855 *(loc. citat)*. Uniquement une question d'intention. Les parties avaient-elles voulu donner et le notaire avait-il entendu accepter la mission d'assurer les droits des colicitants par l'inscription du privilège? Il ne s'agissait pas ici de caractériser un acte, de déterminer l'effet d'une convention dont les clauses étaient reconnues par les parties. Le travail des juges d'appel consistait à décider si, des circonstances avouées dans la cause, ressortait l'acceptation par le notaire du mandat qui lui avait été confié, cette appréciation de la volonté des parties est évidemment du domaine exclusif des juges du fond. *Leur décision est pour tous et pour vous-mêmes une vérité.* »

En 1874, M. le Conseiller Dumon rappelait cette doctrine à la Chambre des requêtes et constatait qu'elle était toujours demeurée la sienne. Non seulement, en effet, nous la trouvons sanctionnée par les arrêts des 14 février 1855, 19 mars 1856, 22 août 1864, mais elle s'est encore affirmée de la façon la plus nette à des époques plus rapprochées de nous dans les arrêts des 18 août 1873 (*J. Pal.*, 1874, 410) et 15 déc. 1874 (*J. Pal.*, 1875, 514) : « Attendu, dit le premier de ces arrêts, qu'en déduisant des circonstances et des faits par lui constatés, la preuve de l'existence d'un mandat tacite accepté par le notaire C..., le Tribunal n'a fait que se livrer, dans les limites de ses pouvoirs, à une appréciation qui ne tombe pas sous le contrôle de la Cour de cassation. » L'arrêt du 15 décembre 1874 statue en termes à peu près identiques.

Il est vrai que l'arrêt de la même Chambre du 28 avril 1875 (*J. Pal.*, 1876, 1042) paraît marquer chez elle une certaine tendance à ressaisir le pouvoir de déterminer les éléments constitutifs du mandat; mais cette tendance, comme on va le voir, se laisse plutôt deviner qu'elle ne s'accuse ouvertement.

« Attendu, dit cet arrêt, que l'arrêt attaqué déclare : 1° que la veuve Raynal très âgée et peu versée dans les affaires, a chargé le notaire R.... du placement, avec garanties hypothécaires, d'une somme de 24,000 fr. et qu'elle s'en est remise à ce notaire pour apprécier la solvabilité des emprunteurs ainsi que la suffisance des immeubles hypothéqués ; 2° Que ce notaire, en procurant des emprunteurs à la veuve Raynal et en débattant pour celle-ci les conditions de l'emprunt, a pu dans les agissements qui n'étaient pas l'exercice de ses fonctions notariales, commettre une faute dont il serait responsable; — *Attendu que l'arrêt attaqué a pu déduire de ces circonstances et de ces faits d'exécution souverainement appréciés la preuve du mandat tacite conféré par la veuve Raynal et accepté par le notaire R...* »

Nous reconnaissons que ce dernier arrêt marque un certain progrès sur les arrêts antérieurs, en ce sens qu'au lieu d'attribuer aux juges du fond un pouvoir souverain pour déduire des faits qu'ils ont constatés l'existence du mandat tacite, il commence par rappeler les constatations émanées des juges du fait; après quoi il s'unit à eux pour déclarer que de ces constatations résulte la preuve d'un mandat tacite.

Néanmoins il suffit de lire cet arrêt pour se convaincre qu'il n'a encore que très timidement et trop imparfaitement consacré la doctrine que nous trouvons formulée dans le rapport de M. le Conseiller Crépon et qui est la seule juridique, à savoir qu'à la Cour de cassation appartient le droit d'examiner si les faits constatés par les juges du fond constituent véritablement un mandat. Nous espérons que la Cour suprême saisira prochainement l'occasion de faire passer cette doctrine dans un de ses arrêts.

Abordons maintenant la seconde question. Lorsque les juges du fait ont déclaré que le notaire, considéré comme officier public ou comme mandataire de son client, avait commis, vis-à-vis de ce dernier, une des fautes prévues par les art. 1382, 1383 et 1992 Cod. civ., dans quelle mesure la Cour suprême révise-t-elle cette appréciation ?

Cette question peut être envisagée elle-même à trois points de vue différents qu'il y a lieu de distinguer immédiatement. La condamnation d'une partie à des dommages-intérêts repose en effet sur une triple opération : 1° les juges constatent l'existence des faits qui leur sont déférés ; 2° de ces faits constatés, ils tirent la preuve de la responsabilité ou de l'irresponsabilité de celui qui en est l'auteur ; 3° enfin, ils apprécient le montant des dommages-intérêts auxquels la personne coupable doit être condamnée.

La première de ces trois opérations échappe certainement au contrôle de la Cour suprême, parce qu'elle porte sur une question de fait. La seconde, au contraire, suppose nécessairement la solution d'une question de droit. Cette question peut se formuler ainsi : Les faits reprochés constituent-ils une faute dommageable ? Après avoir été résolue par les juges du fait, cette question doit l'être de nouveau par les juges du droit. C'est par application de ce principe que la Cour de cassation a cassé, à la date du 1er juin 1840 (*J. Pal.*, 1840.2.132), un arrêt de la Cour de Rouen qui avait refusé de considérer comme dommageables certains faits imputés au notaire ; la Cour de cassation a déclaré, au contraire, que ces faits reconnus constants par les juges du fond pouvaient donner lieu à une action en responsabilité. *Sic* : Cass. civ. 10 janv. 1854 (*J. Pal.*, 1854.1.508).

Quant à la troisième opération, celle qui consiste à fixer le montant des dommages-intérêts, il est évident qu'elle rentre exclusivement dans le domaine des juges du fait, en ce sens qu'il n'appartient pas à la Cour de cassation de modifier elle-même le chiffre des dommages-intérêts ; mais ce que la Cour de cassation peut et doit faire, c'est non seulement d'annuler pour voie de conséquence la condamnation, si elle déclare la faute inexistante ; mais c'est encore, au cas où elle reconnaîtrait l'existence de la faute, d'examiner si le notaire a pu en être déclaré totalement ou partiellement responsable. Ainsi, elle pourrait casser un arrêt qui, après avoir constaté qu'une partie seulement des faits dommageables était imputable au notaire, le condamnerait à indemniser la personne lésée, de la totalité du préjudice. (*Sic* : Demolombe, *Obligat.*, t. I, n° 597).

Telle doit être, selon nous, la mission de la Cour suprême. La comprend-elle bien ainsi, et l'accomplit-elle fidèlement ? On pourrait en douter, si l'on se reportait à son ancienne jurisprudence. Nous avons déjà cité en effet dans le cours de ce travail, et nous pourrions rappeler encore un grand nombre d'arrêts de la Cour de cassation qui ont eu le tort de confondre ces deux ordres d'idées : la constatation du fait et la constatation de la faute, et qui les ont fait rentrer les uns et les autres dans le domaine exclusif des juges du fond. (Voir en particulier dans ce sens : Cass. req. ; 19 juin 1850; J. *Pal.* ; 1851, 267, et 3 août 1858. *Loc. citat.*)

Mais, comme l'a fait observer M. le conseiller Crépon devant la Chambre des requêtes « des arrêts qu'on doit considérer comme formant le dernier et véritable état de la jurisprudence, sur l'application des articles 1382 et 1383, réservent à la Cour de cassation d'examiner si les faits constatés constituent la faute. »

L'arrêt du 15 avril 1873 (*J. Pal.*, 1873, 402) qui pose ce principe a été rendu, il est vrai, vis-à-vis d'une Compagnie de chemin de fer ; mais il est évidemment d'une application plus générale : « Attendu, dit cet arrêt, que le fait ainsi constaté et précisé ne présente nullement les caractères juridiques de la faute prévue par les art. 1382 et 1383 C. civ., d'où il suit que lesdits articles ont été faussement appliqués et par suite violés : Casse ».

Mais il y a plus : depuis l'année 1870, nous trouvons ce principe consacré, sinon explicitement, tout au moins implicitement par la plupart des arrêts qui statuent sur des questions de responsabilité notariale (1). Nous citerons à titre d'exemples les arrêts des 6 juillet 1870 (*J. Pal.*, 1870, 1112); 10 mai 1870 (*J. Pal.*, 1871, 583) : 26 mars 1872 (*J. du Not.*, art. 20507); 10 juillet 1871 (*J. Pal.*, 1871, 577); 20 novembre 1871 (*J. Pal.*, 1871, 581); 10 avril 1878 (*J. du Not.*; n° du 12 avril 1879), et plus particulièrement, parce qu'ils nous paraissent distinguer nettement aux trois points de vue que nous avons signalés plus haut la compétence des juges du fait et celle des juges du droit, l'arrêt du 25 novembre 1872 (*J. Pal.*, 1873, 140) et celui, plus récent encore du 7 janvier 1878 (Sirey, 1878. 1. 176).

Ce dernier arrêt, aussi instructif en fait qu'en droit, est ainsi conçu : « Sur le moyen unique du pourvoi, tiré de la violation des art. 1984, 1988 et 1383, Cod. civ., pour fausse application des art. 1989 et 1992 du même Code : — Attendu

---

(1) Un arrêt de la Chambre civile du 4 mars 1873 a semblé, il est vrai, marquer un retour à la jurisprudence ancienne; mais la jurisprudence contraire a continué à prévaloir.

qu'il résulte de l'ensemble des déclarations de l'arrêt attaqué : 1° que, dans ses rapports avec les défendeurs éventuels, D..., loin de se maintenir strictement dans le rôle de
l'officier public, a pris l'initiative des placements, qu'il en a
été le négociateur se chargeant de tout ce que comportaient
de semblables obligations et ne laissant aux bailleurs de
fonds d'autres soins que d'apposer leur signature au pied
d'un contrat dans lequel ils devaient croire que toutes les
sûretés avaient été prises; 2° que, dans des circonstances où
il devait au moins vouloir maintenir au gage sa pleine et
entière valeur, ce notaire a pratiqué, de la part des consorts
Effel, la mainlevée pure et simple de l'inscription hypothécaire portant sur certains immeubles vendus par les emprunteurs qui en ont touché le prix; 3° qu'il n'a pas poursuivi la mise en vente des immeubles hypothéqués à une
époque où cette vente se serait faite dans des conditions
beaucoup meilleures, et qu'il a justifié ainsi, par sa faute,
l'inaction des prêteurs; — Attendu qu'en se fondant sur ces
faits souverainement constatés, pour déclarer D... relativement responsable du préjudice subi par les défendeurs éventuels, et en accordant à ceux-ci des dommages-intérêts proportionnés aux causes de responsabilité retenues à sa charge,
l'arrêt attaqué n'a violé aucun des articles visés à l'appui du
pourvoi ; — Rejette, etc. »

Cet arrêt, on le voit, suit la marche que nous avons indiquée tout à l'heure, la seule qui nous paraisse conforme aux
principes : 1° il rappelle les constatations de fait enregistrées
dans l'arrêt qui lui est déféré; 2° il déclare, au point de vue
du droit, que de ces faits on a pu tirer la preuve légale d'une
faute : 3° il sanctionne la condamnation aux dommages-intérêts comme étant « proportionnée aux causes de responsabiliié retenues à la charge du notaire. »

Il est vrai qu'un arrêt plus récent, rendu par la Chambre
des requêtes à la date du 2 juillet 1878 (Sir., 1879. 1. 155), ne
semble pas distinguer aussi nettement les trois ordres de
questions qui lui sont soumises. On y lit en effet cette phrase
qui paraît au premier abord se rattacher à l'ancienne jurisprudence : « Attendu que c'est *pour cette imprudence souverainement constatée par les juges du fond*, que ceux-ci ont
condamné le demandeur en cassation à réparer le préjudice
qu'il avait causé » Mais en rapprochant de cette phrase celles

qui le précèdent dans le texte de l'arrêt, on s'aperçoit que la Cour de cassation commence par rappeler les faits souverainement constatés par les juges du fond, et que c'est de cet énoncé des faits qu'elle tire après eux, la preuve de l'imprudence commise par le notaire. Il y a dans la rédaction de cet arrêt plutôt un vice de forme qu'une erreur de droit et on ne peut le considérer comme modifiant en quoi que ce soit l'état de la jurisprudence (1).

CHAPITRE V.

DE L'EXERCICE DE L'ACTION EN RESPONSABILITÉ CONTRE LES NOTAIRES. — MOYENS DE DÉFENSE CONTRE CETTE ACTION.

§ I. — *Moyens de défense qui sont refusés aux notaires.* — Nous pouvons résumer en deux mots les principes que nous avons posés : les juges du fond constatent souverainement les faits imputables aux notaires; mais c'est à la Cour de cassation qu'il appartient de juger en dernier ressort si ces faits constituent soit un mandat confié au notaire, soit une faute susceptible de faire naître une action en responsabilité contre lui. Ce droit de contrôle réservé à la Cour suprême n'est plus aujourd'hui un vain mot : plusieurs arrêts récents sont là pour l'attester. Mais s'il atténue dans une certaine mesure les inconvénients attachés aux appréciations de fait, il laisse encore les notaires exposés à des condamnations souvent imméritées.

Quelle ressource reste-t-il donc aux notaires soucieux de

---

(1) Au moment où nous écrivions ces lignes, nous avons reçu communication d'une étude sur le Notariat français lue à l'Académie de législation de Toulouse par M. Arnault, professeur à la Faculté de droit et secrétaire perpétuel de l'Académie. Bien que nous partagions sur presque tous les points les opinions émises dans ce remarquable travail, nous croyons qu'en présence des arrêts que nous avons cités plus haut, il n'est pas très exact de dire « que la Cour de cassation persiste à se refuser à un contrôle qu'elle accorde aux Compagnies de chemins de fer et dans toutes les matières criminelles; qu'elle ne veut pas rechercher, bien que ce soit une question de droit, si les faits relatés par les arrêts constituent la faute, si les éléments d'imputabilité des art. 1382 et 1383 se rencontrent dans les faits tels qu'ils sont souverainement constatés et rapportés par les Cours. » (Rec. de l'Acad. de législ. de Toulouse, 1879, p. 283).

leur repos comme de leur dignité pour mettre leur responsabilité absolument à couvert, et pour empêcher la Justice de
leur imputer les imprudences et les témérités commises par
les parties elles-mêmes ? La jurisprudence, nous allons le
démontrer, leur refuse tout moyen de prévenir un pareil
danger; et c'est là une de ces rigueurs excessives, que nous
ne saurions trop énergiquement condamner.

Les notaires, dira-t-on, n'ont qu'à refuser de prêter leur
ministère à des actes qui compromettent évidemment, à leurs
yeux, les intérêts des parties (Voir en ce sens arrêt d'Aix,
28 avril 1870). Mais alors que signifie l'art. 3 de la loi du
25 ventôse, an XI, ainsi conçu : « Les notaires sont tenus de
prêter leur ministère lorsqu'ils en sont requis. » La loi ne dit
pas : Lorsqu'ils en sont requis par des parties sages, prudentes et avisées ; mais simplement « lorsqu'ils en sont
requis » : c'est-à-dire, comme l'énonçait en propres termes le projet adopté en l'an VIII par le Conseil des Cinq
cents, « lorsqu'ils sont légalement requis par des personnes
en état de contracter et pour des actes licites ». Conf. Alph.
Lefebvre, *Traité de la discipl. notar.*, n°s 317 et suiv.

En conséqence, les notaires ne sont pas libres de refuser
leur ministère aux personnes qui font appel à leur concours
pour passer des actes parfaitement licites, mais plus ou moins
conformes aux règles de la prudence humaine. Quelle ligne de
conduite doivent-ils donc tenir dans des cas semblables ? Ne
prêter leur ministère qu'après avoir fait connaître aux parties
la situation exacte des biens sur lesquels elles prennent des
hypothèques, l'origine de la propriété, et toutes les causes
qui, *d'après les actes ou les faits dont ils ont connaissance*,
peuvent porter atteinte à la capacité ou à la solvabilité des
autres parties contractantes ? Oui, sans doute, nous l'avons
déjà reconnu ; mais si les clients ne tiennent pas compte de
leurs conseils, s'ils passent outre, ne sera-t-il pas permis au
moins aux notaires de constater, dans l'acte même qui est
signé des parties, qu'elles ont été éclairées sur les conséquences dangereuses de cet acte, et qu'elles n'ont pas craint
néanmoins de s'y exposer ? (Voir en ce sens les observations plus haut citées de M. le conseiller Alméras-Latour,
au sujet de l'arrêt de la Chambre des requêtes du 6 juillet
1870.) Voilà ce que semble exiger la plus simple équité, et
voilà cependant ce que la jurisprudence refuse d'admettre.

Elle a posé à cet égard les principes qui l'inspirent, dans une circonstance célèbre, qu'il importe de rappeler ici :

Le 21 mars 1867, par acte passé devant M. Roulier, notaire de l'arrondissement de Toulon, un sieur et une dame Déprat avaient vendu au sieur Raynaud deux pièces de terre moyennant le prix de 2,100 francs payés comptant.

Il était dit dans l'acte : « Déclare M. Déprat comparant que lesdits prix d'adjudication sont encore dus, et qu'il fait en ce moment remplir les formalités hypothécaires, mais les vendeurs s'obligent de justifier, d'ici à trois mois de ce jour, de toutes les pièces ayant rendu M. Déprat propriétaire incommutable des immeubles, présentement vendus...»

« Et en outre la présente vente est faite moyennant la somme de 2,100 francs de prix principal que l'acquéreur subissant la condition expresse des vendeurs a voulu payer et a en effet présentement payé aux vendeurs qui le reconnaissent et en donnent quittance à M. Raynaud, et ce, *après plus amples explications données par le notaire soussigné aux parties qui le reconnaissent sur la position des époux Déprat et les conséquences qui pourraient résulter de ce paiement fait avant régularité de position et avant l'accomplissement des formalités hypothécaires.* »

Cette mention, dont la sincérité était attestée par la signature de la partie intéressée elle-même, indiquait, on ne peut plus clairement, que c'était bien l'acquéreur qui avait voulu, de sa volonté propre, traiter avec le vendeur, dans des conditions dont le notaire, suivant son devoir, lui avait fait sentir les dangereuses conséquences.

Le notaire, à qui la loi ne permettait pas de refuser son ministère, croyait s'être du moins mis à l'abri de tout recours en responsabilité. Mais non : l'acquéreur ayant été sommé de payer deux fois, une première fois au vendeur, et une seconde fois aux créanciers hypothécaires, voulut rendre responsable de ce double paiement le notaire coupable d'avoir voulu prévenir ce danger et de n'avoir pas été écouté par son client. Chose plus étonnante encore, le Tribunal de Toulon et la Cour d'Aix (*J. N.*, art. 19678 et 20409), donnèrent successivement tort au notaire par ce motif « que Me Roulier, au lieu de cette clause équivoque qu'il a insérée dans l'acte et relative aux explications qu'il aurait données aux parties sur la position des époux Déprat, et les conséquences qui pouvaient résulter du paiement au comptant avant les formalités de la purge, aurait dû indiquer explicitement le chiffre des hypothèques, et ajouter que, dans cette situation, le paiement au comptant entraînerait pour Raynaud l'obligation de payer deux fois; que si tel eût été le langage de l'officier public, Raynaud n'eût assurément pas consenti à sacrifier, à coup sûr, ses intérêts. »

Ainsi, selon le Tribunal de Toulon et la Cour d'appel d'Aix, la mention insérée dans l'acte par le notaire n'était pas assez explicite. La Cour de cassation, à laquelle la question fut déférée, donna également tort au notaire, mais en substituant une doctrine nouvelle à celle des juges du fait. Elle déclara, non pas que la mention insérée dans l'acte manquait de clarté, mais que, fût-elle aussi claire que la lumière du jour, elle était en elle-même absolument illicite et devait être, en conséquence, considérée comme nulle et non avenue.

« Attendu, dit à cet égard, l'arrêt de la Chambre civile du 2 avril 1872 (*J. N.*, art. 20409) que si les notaires ne peuvent instrumenter pour les personnes qui sont leurs parents au degré déterminé par l'art. 8 de la loi du 25 ventôse an XI, *ils ne peuvent, à plus forte raison, instrumenter pour eux-mêmes*, d'où il suit que les tribunaux ne sont pas liés d'une manière absolue par les déclarations que fait à son profit et dans son intérêt, le notaire rédacteur d'un acte de vente, relativement à la responsabilité qui peut naître contre lui de la conduite qu'il a tenue ou des conseils qu'il a donnés dans les circonstances qui ont précédé ou accompagné la passation de cet acte. »

Ainsi, d'après la Cour de cassation, un notaire qui déclare dans un acte qu'il a donné aux parties « qui le reconnaissent » toutes les explications nécessaires pour sauvegarder leurs droits, contrevient à l'art. 8 de la loi du 25 ventôse an XI; il « instrumente pour lui-même. » Nous avouons que, jusqu'à l'arrêt du 2 avril 1872, nous n'eussions jamais soupçonné que le texte de l'art. 8 de la loi de ventôse pût se prêter à une pareille interprétation. Que dit en effet cet article ? « Les notaires, dit-il, ne pourront recevoir des actes dans lesquels leurs parents ou alliés, en ligne directe à tous les degrés et en collatérale jusqu'au degré d'oncle ou de neveu inclusivement, seraient parties, *ou qui contiendraient quelque dis-*

position en leur faveur. » Est-ce que la mention dont il est question ici peut être assimilée à une disposition faite en faveur du notaire ? Une disposition faite en faveur d'une personne, d'après le langage du droit et l'interprétation constante de la jurisprudence, c'est une libéralité ou une faveur quelconque octroyée à cette personne. Ici, il n'y a ni libéralité, ni faveur quelconque stipulée dans l'intérêt du notaire, il n'y a pas davantage de clause portant qu'il serait exonéré de toute responsabilité en cas de faute — clause qui, nous le reconnaissons, serait illicite — il y a tout simplement la constatation signée par les parties que le notaire a accompli, dans toute son étendue, vis-à-vis d'elles, son devoir légal. Or, une pareille constatation n'a rien de commun avec les dispositions prohibées par l'article 8 de la loi de ventôse. Nous disons plus : elle est conforme à l'esprit général de la loi. En effet, la loi du 10 juillet 1850, dont le texte a été inséré dans l'article 1394 du Code civil contient la prescription suivante : « Le notaire donnera lecture aux parties du dernier alinéa du présent article. — *Mention de cette lecture sera faite dans le contrat*, à peine de 10 francs d'amende contre le notaire contrevenant. » Il ne peut être permis de croire que cette mention que la loi prescrit dans un cas particulier, à l'effet de constater que le notaire a accompli un devoir légal, soit interdite par elle dans tous les autres cas. Et jamais on n'a dit, ni dans la discussion de la loi de 1850, ni depuis, que cette disposition inscrite dans l'article 1394 du Code civil fût une dérogation au principe posé dans l'article 8 de la loi du 25 ventôse an XI et permît exceptionnellement au notaire d'instrumenter en sa faveur.

D'ailleurs, si telle était la raison qui prohibait la mention dont nous parlons, il faudrait donc, pour que cette mention fût licite, qu'elle fît l'objet d'un acte spécial passé par un nouveau notaire et constatant que le notaire rédacteur du premier acte a donné aux parties les explications suffisantes et que celles-ci le reconnaissent. Peut-on concevoir un acte ayant cet objet exclusif, qui n'aurait pas de nom dans la langue du droit, pas de précédents dans les règles du notariat, et qui impliquerait un droit de contrôle réciproque susceptible d'être exercé par les notaires, en ce qui touche la partie la plus délicate de leurs fonctions. D'un autre côté, si la mention insérée dans l'acte est nulle en vertu de l'art. 8 de la loi de ventôse, il faut alors dire que l'acte tout entier est nul en vertu de l'art. 68 de la même loi. Ce sont là cependant les conséquences nécessaires aux quelles aboutit la doctrine de la Cour de cassation.

Nous n'hésitons donc pas à dire, malgré le respect que nous professons en général pour l'autorité de la Cour suprême, que cette doctrine est condamnée aussi bien par le texte et par l'esprit de la loi que par les conséquences auxquelles elle conduit, et que, suivant nous, la mention dont il s'agit est parfaitement licite.

Ajoutons ici, pour ne laisser aucune illusion aux notaires, que la jurisprudence ne tient pas plus de compte d'autres mentions conçues dans le même sens, mais sous une autre forme, telles que celle consistant à dire « que le prêt a été négocié directement sans la participation du notaire, lequel n'a été que le rédacteur des conventions. » (Arrêt de la Cour de Paris, 27 août 1852. Trib. de Nantes, 4 févr. 1880. Dalloz Rép. v° *Responsabilité*, n° 361), ou encore cette autre mention : « Dont acte sur la réquisition des parties. » (Toulouse, 24 mars 1879, J. N., art. 22178). Ces mentions, empressons-nous de le reconnaître, sont du reste trop peu explicites et ne prouvent pas suffisamment que le notaire ait rempli en réalité tous ses devoirs envers les parties.

Nous en dirons autant de la formule suivante employée dans certains actes de prêt : « Par devant M^e ..... ont comparu M. X..... et M. N...., lesquels ont réalisé de la manière suivante le prêt convenu et arrêté directement entre eux. M. X... reconnaît devoir... » La jurisprudence n'a pas eu occasion de se prononcer sur la portée de cette formule ; mais il est évident qu'elle n'y attacherait pas plus d'importance qu'à celles dont nous venons de parler.

Néanmoins nous reconnaissons avec le *Journal des Notaires* (art. 20409) que cette formule peut présenter une certaine utilité, sinon pour décharger le notaire de la responsabilité qui est attachée à ses fonctions d'officier public, du moins pour le mettre à l'abri de celle plus lourde encore qui résulte du mandat conventionnel ou de la gestion d'affaires. A ce même point de vue, fait également observer le *Journal des Notaires* (*loc. cit.*) il est encore préférable, ainsi que cela se pratique à Paris, que la partie écrive une lettre au notaire pour le dispenser de l'accomplissement des formalités ou pour le prier de ne les remplir que dans de certaines limites.

§ II. — *Moyens de défense offerts aux notaires.* — S'il n'existe, au regard de la jurisprudence, aucun moyen dont le notaire puisse user pour constater qu'il a rempli consciencieusement ses devoirs d'officier public il est d'autant plus utile de connaître quelles armes il a entre les mains pour se défendre contre une action en responsabilité ou pour en limiter tout au moins la portée. Nous avons déjà indiqué au cours de cette étude quelques-uns de ces moyens de défense. Rappelons-les ici en en complétant l'énumération :

1° S'il est actionné simplement comme officier public et non comme mandataire ou gérant d'affaires de la partie intéressée, le notaire peut et doit demander qu'on rapporte contre lui la preuve qu'il a commis une faute lourde et qu'il a commis cette faute, *non pas en s'abstenant de conserver les droits de ses clients, ce qui ne rentre pas dans ses fonctions d'officier public,* mais en négligeant de les éclairer sur la capacité des personnes avec lesquelles ils traitent ou sur la valeur actuelle des gages qui leur sont donnés.

2° S'il est actionné non plus seulement comme officier public, mais comme mandataire ou gérant d'affaires, le notaire peut et doit demander que la justice établisse à l'aide de présomptions graves, précises et concordantes, l'existence soit du mandat, soit de la gestion d'affaires, et qu'en outre ces présomptions, en ce qui concerne le mandat, soient appuyées tout au moins par un commencement de preuve par écrit.

3° L'existence du mandat est-elle juridiquement démontrée, il y a lieu de distinguer si ce mandat est gratuit ou salarié. Dans les deux cas, le notaire sera coupable, s'il n'a pas veillé à la conservation des droits des parties ; aux termes de l'art. 1992, Cod. civ., « la responsabilité relative aux fautes doit être appliquée moins rigoureusement à celui dont le mandat est gratuit qu'à celui qui reçoit un salaire. » Mais il est à noter que le salaire est censé tacitement stipulé et promis dans les mandats relatifs à des affaires dont le mandataire se charge par état ou par profession (Aubry et Rau, IV, § 410, note 8); l'officier ministériel qui agit comme mandataire et comme gérant d'affaires de son client a donc droit jusqu'à preuve contraire, à une rémunération (Dict. Not., v° *Honoraires*, n° 148).

4° Le notaire ne peut, en aucun cas, être déclaré responsable d'un dommage éventuel, mais seulement d'un dommage certain, actuel et légalement constaté. Ainsi au cas où il serait démontré qu'un notaire, ayant reçu mandat de son client de prendre toutes les mesures nécesaires pour conserver ses droits, a failli sur ce point à son mandat, la partie pour être fondée à agir en responsabilité contre lui, devra en outre prouver qu'elle souffre actuellement de cette négligence. C'est ce qui a été jugé successivement par la Cour de Rouen (31 août 1850) et par la Cour de cassation (5 janvier 1852), à propos précisément du défaut de renouvellement d'une inscription hypothécaire reproché à un officier ministériel par un de ses clients. « Attendu, a dit l'arrêt de la Chambre des requêtes, que l'arrêt attaqué, en décidant que le dommage dont se plaignait le demandeur, était purement éventuel, et en lui donnant acte de ses réserves d'exercer son action en garantie en cas d'événement de la condition prévue, n'a porté aucune atteinte aux règles de responsabilité des officiers ministériels. «(*J. Pal.*, 1852.1.38)» Cette doctrine a été de nouveau consacrée par la Chambre civile le 10 janvier 1854 (ibid. I., 508).

5° Non seulement le dommage sur lequel est fondée l'action en responsabilité doit être né et actuel, mais encore il doit se rattacher directement à la faute reprochée au notaire. On doit, en un mot, appliquer aux actions en dommages-intérêts intentées contre les notaires, les principes contenus dans les art. 1148 et 1150 : Art. 1148 : « Il n'y a lieu à aucuns dommages-intérêts , lorsque par suite d'une force majeure ou d'un cas fortuit, le débiteur a été empêché de donner ou de faire ce à quoi il a été obligé ou a fait ce qui lui a été interdit.» Art. 1150. «Le débiteur n'est tenu que des dommages-intérêts qui ont été prévus ou qu'on a pu prévoir lors du contrat, lorsque ce n'est point par son dol que l'obligation n'est point exécutée. » C'est par application de ces principes que l'action en responsabilité doit être rejetée, lors même que les garanties affectées au remboursement de la dette sont insuffisantes, au moment de l'échéance, si les juges du fond ne constatent pas d'ailleurs qu'elles fussent insuffisantes au moment du prêt ou que cette insuffisance

provienne du fait du notaire. (Voir l'arrêt d'admission de la
Ch. des requêtes du 21 janvier 1880 et le rapport de M. le
conseiller Crépon cités plus haut. Voir également un arrêt de
la Cour d'Aix du 2 mars 1880, (*J. des Not.*, art. 22323, ainsi
que l'arrêt de la Cour de Lyon du 3 juillet 1868 et les autres
arrêts rapportés plus haut.)

Nous devons indiquer, en terminant, un cas où d'après la
jurisprudence, la responsabilité du préjudice souffert par le
prêteur doit être supportée conjointement et solidairement
par le notaire du prêteur et par celui de l'emprunteur; c'est
le cas où le notaire de l'emprunteur, en concourant à l'acte
d'obligation hypothécaire, s'est rendu coupable de réticences
dolosives, soit sur la nature des biens hypothéqués, soit sur le
rang des hypothèques.

Voici l'espèce qui s'est présentée tout récemment devant la
Cour d'Orléans et ensuite devant la Cour de cassation. Une
personne veut emprunter : elle offre en garantie à son prêteur
une hypothèque sur un immeuble grevé d'hypothèques antérieures qui en absorbent presque complètement la valeur.
Le nouveau prêteur croit l'immeuble libre de toute hypothèque. Néanmoins le notaire de l'emprunteur, qui connaît le
nombre et l'étendue des hypothèques antérieures, ne
détrompe ni ce prêteur ni son notaire; et même il provoque
le nouveau prêt et prépare le nouvel acte d'obligation hypothécaire. Plus tard l'emprunteur tombe en faillite, et le dernier prêteur, primé par des créanciers antérieurs, n'arrive
pas en ordre utile pour être désintéressé. Il actionne alors en
responsabilité tout à la fois son propre notaire qui était en
outre son gérant d'affaires, et le notaire de l'emprunteur. La
Cour d'Orléans, par arrêt du 10 décembre 1875, condamne
conjointement et solidairement les deux notaires à la réparation du préjudice souffert par le prêteur; et la Cour de cassation, par arrêt de la Chambre des requêtes du 20 novembre
1876 (Sir., 1878.I.273), ratifie cette condamnation.

Cette condamnation est-elle juste? Il est certain tout
d'abord que le notaire gérant d'affaires du prêteur a commis
une faute lourde en omettant de se renseigner sur l'existence
d'hypothèques antérieures à celles prises par son client.
Quant au notaire de l'emprunteur, s'il est constant que c'est
lui qui a provoqué le nouveau prêt et favorisé la fraude, il
peut en être déclaré responsable. En effet, bien que les

notaires soient tenus en général au secret professionnel
« et ne doivent pas se permettre la plus légère révélation qui
puisse préjudicier aux parties qui se sont adressées à eux »
(Rolland de Villargues., Rép., V· *Notaire* n° 492), il faut néanmoins, comme le disait Domat, (*Dr. Public*, Liv. 2., Tit. 5.,
Sect. 5 n° 6) « que les notaires ne se rendent complices d'aucun dol, d'aucune surprise, et qu'ils s'opposent à de telles
voies contre les parties qui en useraient. » Or, c'est bien se
rendre complice d'un dol que de proposer et de préparer un
contrat dans les conditions ci-dessus indiquées.

La Cour de cassation semble avoir été plus loin et avoir
jugé, par son arrêt du 20 novembre 1876, que, lors même
qu'il n'eût fait aucunes démarches personnelles pour assurer
le succès des parties et qu'il eût simplement prêté son ministère pour passer l'acte, le notaire de l'emprunteur eût pu
être accusé, dans la circonstance présente, de réticences dolosives. Bien que la question soit fort délicate, nous pensons
plutôt, avec M. Rolland de Villargues (Rép., *loc. cit.*, n° 495) et
les auteurs qu'il invoque, que le notaire de l'emprunteur
pourrait, dans ce dernier cas, se considérer comme lié par le
secret professionnel, et devrait être mis hors de cause; le
prêteur ne pourrait que recourir contre son propre notaire et
peut-être contre l'emprunteur lui-même, si celui-ci est coupable de manœuvres frauduleuses.

Mais revenons à l'hypothèse sur laquelle a statué l'arrêt de
la Cour d'Orléans. Le notaire de l'emprunteur est coupable
d'un dol, celui du prêteur a commis une grave imprudence ;
ils sont tous deux responsables du dommage subi par le
prêteur. Reste à déterminer dans quelle mesure ? Doivent-
ils être déclarés *conjointement et solidairement* responsables envers le prêteur, comme l'a dit l'arrêt de la Cour
d'Orléans du 10 décembre 1875 ? Nous comprendrions qu'il
en fût ainsi, si le notaire du prêteur et celui de l'emprunteur
étaient tous deux des tiers étrangers au prêteur lui-même
qui, par un ou plusieurs actes dommageables lui auraient
causé un même préjudice (conf.: Aubry et Rau, IV,
page 23). Mais vis-à-vis du notaire de l'emprunteur, le
notaire du prêteur est un représentant du prêteur, et il
agit en son nom. La responsabilité du notaire de l'emprunteur doit donc être appréciée, de même que, s'il avait traité
directement avec le prêteur lui-même. Or, supposons que

le prêteur ait traité directement avec le notaire de l'emprunteur, et qu'il subisse ensuite un préjudice qui est imputable autant à sa propre imprudence qu'au dol commis par le notaire de l'emprunteur. Il pourra alors demander à ce notaire la réparation non pas totale, mais seulement partielle du préjudice causé ; cela n'est pas contesté (Demolombe, *Obligat.*, n° 602). Eh bien ! il en doit être de même dans le cas actuel ; que l'imprudence ait été commise par le notaire du prêteur ou par le prêteur lui-même ; si elle est une des causes du préjudice subi par ce dernier, le notaire de l'emprunteur ne saurait en être déclaré totalement responsable.

Concluons donc que le notaire de l'emprunteur et celui du prêteur devaient être déclarés non pas *conjointement et solidairement*, mais *individuellement et partiellement* responsables, suivant une répartition indiquée par le juge. Le premier doit au prêteur une partie des dommages-intérêts en vertu de l'article 1382 ; le second est redevable de l'autre partie, par application de l'article 1992.

CHAPITRE VI.

ESPRIT DE LA JURISPRUDENCE EN MATIÈRE DE RESPONSABILITÉ NOTARIALE. — APPRÉCIATION DONT IL A ÉTÉ L'OBJET. — CONCLUSION.

Au terme de cette étude, une question se pose à nous, question à laquelle ont répondu différemment jusqu'à ce jour des auteurs également accrédités : La jurisprudence que nous avons examinée en matière de responsabilité notariale, ne pèche-t-elle pas en général par excès de sévérité ? Cette sévérité est-elle favorable ou funeste à l'intérêt général, à l'intérêt des notaires aussi bien qu'aux intérêts particuliers ? Ecoutons d'abord la réponse que font à cette question les partisans de la jurisprudence.

« Toutes questions de résidence, de ressort, de mandat ou de gestion d'affaires, de forme ou de formalité des actes, etc., dit M. Eloy, dans son *Traité de la responsabilité des notaires* (avant-propos p. VIII) intéressent le Notariat, bien que le grand nombre des notaires prenne garde, par la prudence et la circonspection, de ne pas soulever ces questions. Mais comme la faute n'est pas la seule cause du préjudice, que ce préjudice peut naitre d'une imprudence, d'un oubli, et qu'enfin le notaire le plus honorable, le plus digne, n'est pas à l'abri de cet oubli, de cette imprudence, il en résulte qu'il devra subir à son tour les conséquences que les actes de confrères moins prudents, moins délicats, auront amenées en jurisprudence; et, comparant ces conséquences avec celles de l'ancien droit, lui, honnête et probe, se trouvera conduit à dire que le cercle de la responsabilité s'est élargi considérablement.

» Dans la responsabilité civile, la mauvaise foi, le dol, n'est pas un élément; et, en règle générale, la responsabilité existe, dès qu'il y a eu, chez l'auteur du préjudice, faute, imprudence ou négligence. Tel est le droit commun.

» Nous avouons n'avoir jamais compris pourquoi l'on s'efforçait tant d'en repousser l'application en matière de responsabilité notariale. En droit d'abord, quoi de plus juste que cette application, du moment où les fonctions du notaire ne sont pas circonscrites dans la loi de ventôse, sont très nombreuses, et touchent à ces principes de droit commun (par exemple en matière de mandat, de gestion d'affaires, de dépôt, etc.) dont la violation donne précisément lieu à la responsabilité ? Mêmes principes doivent-ils créer autre chose que mêmes conséquences ? — En fait, quoi de plus salutaire pour l'intérêt des parties, et, en même temps, de plus rassurant pour les notaires eux-mômes, que cette application du droit commun, puisque les tribunaux sont, de par la loi, les souverains appréciateurs du point de savoir s'il convient d'attribuer des dommages-intérêts ?

» Donc, ce que l'on peut dire, c'est que les questions de responsabilité ont sans doute augmenté, mais que la profession notariale n'en est pas devenue moins digne, plus périlleuse.

» Tel est notre sentiment sur le caractère de la progression que l'on a cru voir, en ces dernières années, dans les procès en responsabilité.

» Le droit qui régit les actes ordinaires des parties, est le droit civil; la responsabilité qu'entraîne toute infraction à ce droit par faute, imprudence ou négligence, est celle du droit civil; et nous ne trouvons pas injuste qu'on en ait fait l'application aux notaires, quand ils interviennent par leur ministère, leurs fonctions obligées ou volontaires, dans les actes du droit civil. La loi d'organisation ne pouvait tout comprendre; elle n'a pas suffi; et besoin a été, pour ne pas laisser irréprimés des actes préjudiciables aux parties, au Trésor, aux autres officiers publics ou ministériels, de recourir à ce grand principe du droit commun qui domine tous nos actes, celui de la responsabilité des conséquences de notre faute, de notre négligence, de notre impéritie.

» Dans toutes les décisions récentes on trouvera la preuve de cette vérité.

» La grande majorité des notaires, honorable, prudente, circonspecte, ne s'en plaindra pas, parce qu'elle n'aura rien à en redouter en présence du pouvoir laissé aux tribunaux, et le public trouve dans cette jurisprudence l'avantage de ne pas voir impunis des actes, des faits que la loi spéciale n'aurait pas suffi à réprimer. »

M. Am. Boullanger, juge de paix à Paris, dans sa note insérée au *Journal du Palais*, sous l'arrêt du 22 août 1856 (1856, II, p. 452), s'exprime dans le même sens : « Les magistrats, dit-il, savent qu'en pareille matière, il existe deux écueils également périlleux à éviter, et que si, d'un côté, voir trop facilement des cas de responsabilité serait compliquer, au point de les rendre impossibles à remplir avec sécurité les fonctions si utiles, si nécessaires, et en général, si honorablement remplies du notariat, d'un autre côté, la vérité et la justice auraient tout à perdre, et la légitime considération due aux notaires, ainsi que leurs intérêts matériels, n'auraient rien à gagner, à ne voir jamais, dans ces officiers publics, à moins de preuves littérales dont la production serait le plus souvent hors du pouvoir des parties, que de simples rédacteurs, responsables seulement de l'inaccomplissement des formalités nécessaires à la validité des actes par eux reçus.

» C'est ainsi, nous en sommes convaincus, que les notaires eux-mêmes apprécient leur situation, ils se sentent assez forts pour porter le poids d'une responsabilité dont l'importance et l'honorabilité de leurs fonctions n'ont rien à souffrir, et ils savent que, pour l'application du principe qui la consacre, ils peuvent compter sur la scrupuleuse impartialité et sur la bienveillance des magistrats, qui, dans le doute, n'hésiteraient certainement pas à se prononcer en faveur de la non-responsabilité. »

Malheureusement, cette dernière affirmation du savant arrêtiste a été souvent démentie par les faits : si l'on consulte les arrêts rendus sur la matière, on constate que dans le doute, les magistrats se prononcent généralement, non pas en faveur de la non-responsabilité, mais au contraire dans le sens de la responsabilité notariale.

« Il est certain, dit à ce sujet M. Paul Pont, qu'à l'inverse de l'ancienne jurisprudence dont la tendance nettement accusée était de restreindre la responsabilité notariale, la jurisprudence moderne, particulièrement dans ces derniers temps, a incessamment grossi le nombre des cas de responsabilité. »

Et tout récemment encore, dans ses intéressantes *Etudes sur le Notariat français* (pag. 144 et suiv.) M. Amiaud, ancien notaire, rappelait ces paroles de M. Paul Pont et ajoutait : « On s'est surtout inquiété de la rigueur extrême avec laquelle les tribunaux punissent les moindres manquements et s'efforcent d'étendre les dispositions de la loi pour pouvoir condamner des notaires que la conduite la plus honorable, la plus digne, la circonspection la plus grande ne peuvent pas toujours préserver d'une imprévoyance et d'un oubli. »

Quelle est la cause de cette rigueur extrême et comment les tribunaux se sont-ils laissé entraîner à exagérer à l'égard des notaires les sévérités de la loi ? C'est qu'ils confondent trop souvent ce que le législateur a soigneusement distingué : la responsabilité morale et la responsabilité civile, et qu'ils attachent à la première de ces deux responsabilités des effets légaux qui ne sauraient être produits que par la seconde.

C'est ce qu'a fait justement remarquer un homme plein de savoir et d'autorité en cette matière, M. Ducruet, président de la Chambre des notaires de Lyon (1). Ses observations traduisent si fidèlement notre pensée, que volontiers nous les faisons nôtres en les reproduisant ici : « Le principe de responsabilité, dit M. Ducruet, a été restreint par la loi du 25 ventôse aux nullités d'actes résultant de l'inobservation des formes prescrites. L'ordonnance du 4 janvier 1843, qui a eu pour but de réprimer les abus qui avaient été manifes-

---

(1) *Journal des Notaires*, art. 13922.

tés par des catastrophes scandaleuses, n'a pas aggravé la responsabilité des notaires. Elle a, au contraire, pris toutes les précautions pour les affranchir de tout recours, pour empêcher que la réception des actes ne les engageât personnellement. L'article 12 leur prohibe expressément de garantir les prêts faits par leur intermédiaire. Cette ordonnance a apprécié très sainement la position que devait prendre le Notariat. Conseil désintéressé, il doit guider les parties, recevoir leurs conventions, mais n'y prendre aucun intérêt personnel et demeurer étranger à l'exécution de ces conventions. Si le notaire devait être responsable de la solvabilité des débiteurs, de l'exactitude des renseignements sur la valeur des biens, des hypothèques occultes, ce serait lui-même qui contracterait dans tous les actes qu'il recevrait : non seulement il ne faudrait pas lui interdire de prendre directement l'argent de ses clients, et de le placer en son nom, mais on devrait le lui conseiller, parce que, maître des titres et de la direction des poursuites, il pourrait plus facilement échapper aux sinistres amenés par la négligence des prêteurs, ou par des poursuites faites en temps inopportun.

« L'Ordonnance, en proscrivant la garantie, a voulu faire cesser la trop grande confiance accordée aux notaires, qui a perdu ceux qui l'ont acceptée ; elle a voulu que les clients veillassent davantage à leurs propres intérêts, et qu'ils ne pussent plus compter sur la responsabilité du notaire.

» Le système des Cours est diamétralement opposé : il veut la garantie dans tous les cas. Si le notaire a été intermédiaire, il est de suite transformé en mandataire, en *negotiorum gestor*, malgré la présence des parties qui ont accepté en personne ; et il doit répondre de l'efficacité de l'acte qu'il a reçu ; acte qui, si ces Cours étaient logiques, devrait être déclaré nul, parce que le notaire mandataire ou gérant y serait partie intéressée.

» Si, au contraire, le notaire ne s'est pas immiscé dans l'examen des garanties et de toutes les circonstances qui devaient assurer l'exécution de l'acte, il commet un quasi-délit ; il est institué pour veiller à la conservation des fortunes privées, il y a faute légale non seulement quand il fait mal, mais encore quand il néglige de veiller, quand il n'empêche pas les parties de s'exposer à un danger, quand il ne substitue pas au contrat qu'elles veulent faire le contrat qui lui paraît préférable.

» Quel est le système qui doit prévaloir, celui de la loi de ventôse et de l'ordonnance de 1843, ou celui de la jurisprudence ?

» Il me semble que le vice, très honorable dans son principe, du système de la jurisprudence a été et est encore la confusion de la responsabilité morale avec la responsabilité civile.

» Pothier distinguait avec soin le for intérieur du for extérieur. Tel acte qui peut être condamné par l'un, ne peut l'être par l'autre. Cette distinction a motivé pour le notariat, comme pour les avocats, les avoués et la magistrature elle-même, l'institution des tribunaux de discipline, chargés d'apprécier les fautes morales avec sévérité.

» Mais ces tribunaux disciplinaires ne peuvent appliquer que des peines morales ; ils ne peuvent adjuger des dommages-intérêts.

» La responsabilité civile ne peut avoir lieu que dans les cas prévus par la loi, l'art. 1382, suivant Toullier et les auteurs, ne permet de punir *que les fautes contre le droit* ; si je fais ce que je n'ai pas le droit de faire, si j'omets de faire ce que la loi commande, je commets une *faute légale.*

» La responsabilité morale du notaire peut être très étendue, mais la responsabilité civile ou légale est restreinte.

» Les tribunaux devraient, lorsqu'ils jugent civilement, ne prononcer de dommages-intérêts contre le notaire, que dans les cas prévus par la loi spéciale de son institution ou lorsqu'il se serait engagé personnellement, comme simple citoyen, conformément au droit commun, sauf à réserver l'action disciplinaire. Les magistrats ont aussi une responsabilité morale très étendue. Admettrait-on la responsabilité civile, quand leur responsabilité morale peut être engagée ?

» Il en est de même de l'avocat, un conseil erroné, une plaidoirie, engagent sa responsabilité morale, mais ne l'exposent pas à une responsabilité civile. Pourquoi en serait-il autrement du notaire ? »

Enfin, et pour répondre en terminant à l'observation que nous avons rapportée plus haut, est-il vrai que l'intérêt du notariat comme celui de la société réclament et justifient les sévérités de la jurisprudence ?

L'intérêt du notariat ? Ah ! sans doute, s'il agissait de fau-

tes commises contre l'honneur et la délicatesse, par des notaires qui déshonorent la profession, les chambres de discipline seraient les premières à sévir contre eux dans la mesure où la loi le permet, et à demander à la Justice de bannir
du notariat ceux qui n'en sont pas dignes. Mais dans la plupart des questions qui donnent lieu aux procès en responsabilité intentés contre les notaires, ni l'honneur ni la délicatesse, ni le respect des règles et des traditions professionnelles
ne sont en jeu. L'intérêt du client, lésé par un accident im-
prévu est l'unique mobile de l'action qu'il exerce, et cela est
si vrai que les chambres de discipline et le ministère public
n'ont garde alors de s'associer à cette action. Grâce à Dieu,
le corps du Notariat, pris dans son ensemble, n'a pas perdu
de nos jours le renom d'intégrité auquel il a droit, mais personne ne soutiendra non plus qu'il ait crû en valeur et en dignité depuis que les procès en responsabilité se pressent plus
nombreux autour de lui. Au contraire, les chances de perte
étant plus nombreuses, certains notaires peuvent céder à la
tentation dangereuse de les compenser par des chances de gain
plus nombreuses aussi, et de là « ce désir de réaliser un grand
nombre d'affaires, et par suite, l'impossibilité de donner à
chacune d'elles le temps et les soins suffisants, » double in-
convénient que des hommes sortis des rangs du Notariat dé-
plorent aujourd'hui publiquement (1).

De ce que nous venons de dire il résulte que l'intérêt des
parties pas plus que celui des notaires n'impose à la jurisprudence les rigueurs dont elle use.

Sans doute, pour échapper à ces rigueurs, les notaires évi-
teront de donner aucun conseil, sans mûre réflexion, mais
le moyen le plus sûr de mettre leur responsabilité à l'abri,
ne sera-t-il pas de s'abstenir de toute espèce de conseils,
sous peine d'être considérés sans le savoir et sans le vouloir
comme des mandataires et des gérants d'affaires? Or qui
souffrira de cette absence de conseils, si ce n'est le client
tout le premier, surtout celui qui appartient à la campagne
et n'a aucune connaissance des affaires?

De même, en présence des décisions qui envisagent
les élections de domicile et les stipulations de paiement à effectuer dans l'étude du notaire comme susceptibles

____

(1) Voir Amiaud, *Études sur le notariat français*, p. 144, 145 et *passim*.

de prouver l'existence d'un mandat, les notaires seront portés à s'abstenir d'insérer dans leurs actes des clauses de cette nature, toutes les fois que les circonstances le leur permettront; et, comme l'a justement observé M. Paul Pont (*Rev. crit.*, VII, p. 49). « L'expériencenetarderait pas à montrer les inconvénients de cette réserve ; car les stipulations dont il s'agit présentent pour les parties des avantages nombreux et inappréciables. »

. En un mot, soit qu'on consulte l'intérêt du Notariat, soit qu'on prenne souci des intérêts privés, on ne peut que souscrire à l'opinion émise par un éminent jurisconsulte M. Troplong : « Il n'est pas bon de pousser à l'excès la responsabilité des notaires, et il ne faut pas environner de trop de périls leurs fonctions déjà si délicates (1).

-----

(1) *Traité du Mandat* (n° 26.)

TABLE DES MATIÈRES

Paris. — Imp. française et anglaise, Ch. Schlaeber, rue Saint-Honoré, 257